教科書ワーク
もくじ

光村図書版
漢字3年

【イラスト】久保田彩子、TICTOC

きほんのワーク

どきん 春風をたどって

登場人物の気持ちをたしかめ、そうぞうしたことをつたえ合おう

教科書 上16～34ページ

べんきょうした日 月 日

どきん

◆「読み方」の赤い字は教科書でつかわれている読みです。👀はまちがえやすい漢字《かん》です。

詩（16ページ）

詩 ごんべん

下を長く　はねる　わすれない

読み方：シ　―

つかい方：詩《し》を楽しむ・詩人《しじん》

13画《かく》

葉（16ページ）

葉 くさかんむり

長く　はらう　とめる

読み方：ヨウ　は

つかい方：落葉《らくよう》・こう葉《よう》　言葉《ことば》・葉《は》っぱ

12画

「葉」のひつじゅん。
「葉」の「世」の部分《ぶ》は、
「世世世世世」と書くよ。
二～四画目にちゅういしよう。

ちゅうい！

習（17ページ）

習 はね

はねる　はねる

読み方：シュウ　ならう

つかい方：学習《がくしゅう》・習字《しゅうじ》　書道《どう》を習《なら》う

11画

着（17ページ）

着 ひつじ

つき出さない　一番長く

読み方：チャク・（ジャク）　きる・きせる　つく・つける

つかい方：着目《ちゃくもく》・着用《ちゃくよう》　ふくを着《き》る・家に着《つ》く

12画

読み方にちゅうい。
着《き》る・着《き》せる　れい　シャツを着る。
着《つ》く・着《つ》ける　れい　えきに着く。
おくりがなにも気をつけよう。

ちゅうい！

ひつじゅん 1 2 3 4 5　まちがえやすいところ…★

21ページ

登

はつがしら

はらう
長く

読み方

トウ・ト
のぼる

つかい方

登場人物《とうじょうじんぶつ》・登山《とざん》
山に登《のぼ》る

12画

「登」のひつじゅん。
「登」の「癶」の部分は、
「フ ヌ ヌ ヌ 癶」と書くよ。
三～五画目にちゅういしよう。

ちゅうい!

21ページ

物

うしへん

とめる
はねる

読み方

ブツ・モツ
もの

つかい方

人物《じんぶつ》・動物《どうぶつ》・作物《さくもつ》
物音《ものおと》・物語《ものがたり》

8画

読み方にちゅうい。
「物」には二つの音《おん》読みがあるよ。
ブツ　れい　人物・動《どう》物・名物
モツ　れい　作物・食《しょく》物・荷《に》物
言《こと》葉によって読み分けよう。

ちゅうい!

21ページ

持

てへん

下を長く
わすれない
はねる

読み方

ジ
もつ

つかい方

所持品《しょじひん》・手に持《も》つ
気持《きも》ち

9画

22ページ

旅

かたへん

立てる
はらう
はねる
とめる

読み方

リョ
たび

つかい方

旅館《りょかん》・旅行《りょこう》
旅《たび》に出る

10画

「旅」のひつじゅん。
「旅」の「方」の部分は、
「方 方 方 方」と書くよ。
三画目と四画目にちゅういしてね。

ちゅうい!

24ページ

始

おんなへん

少し出す
とめる
とめる

読み方

シ
はじめる・はじまる

つかい方

開始《かいし》・年始《ねんし》
さがし始《はじ》める

8画

ものしりメモ
「言」(ごんべん)は言葉に関係《かんけい》のある漢字、「艹」(くさかんむり)は植《しょく》物に関係のある漢字につくよ。　(れい)記・語・詩・話／花・草・葉

進
24ページ

進　しんにゅう　しんにょう

一画

読み方

シン

すすむ・すすめる

つかい方

進級《しんきゅう》・進行《しんこう》・前進《ぜんしん》

前に進《すす》む・進《すす》め方

11画

動
25ページ

動　ちから

はねる

読み方

ドウ

うごく・うごかす

つかい方

動物《どうぶつ》・運動《うんどう》・行動《こうどう》

車が動《うご》く・手を動《うご》かす

11画

「動」のおぼえ方。

「動」は、「重」＋「力」だよ。

「重《おも》いものを力で動かす」とおぼえよう。

深
26ページ

深　さんずい

はねる　はらう　とめる

読み方

シン

ふかい

ふかまる・ふかめる

つかい方

深海《しんかい》・水深《すいしん》

深《ふか》いしげみ・秋が深《ふか》まる

11画

様
27ページ

様　きへん

とめる　はねる

読み方

ヨウ

さま

つかい方

様子《ようす》

王様《おうさま》・お客様《きゃくさま》

14画

面
32ページ

面　めん

同じ大きさ

読み方

メン

(おも)(おもて)

(つら)

つかい方

場面《ばめん》・画面《がめん》・地面《じめん》

9画

読み方が新しい漢字《かん》

ページ	漢字	読み方	言葉
16	言	こと	言葉《ことば》
17	目	モク	着目《ちゃくもく》
23	色	ショク	白一色《しろいっしょく》
23	黄	オウ	黄金《おうごん》
23	金	コン	黄金《おうごん》
27	子	ス	様子《ようす》
30	空	クウ	空気《くうき》
32	語	かたる	物語《ものがたり》

とくべつな読み方をする言葉

ページ	言葉	読み方
25	今日	きょう
28	一人	ひとり
33	二人	ふたり

ものしりメモ

「進」は、「隹」の部《ぶ》分のひつじゅんにちゅういしよう。「隹」のじゅんに八画《かく》で書くよ。三画目と五画目をつづけて書かないようにしようね。

練習のワーク

どきん
春風をたどって

教科書 上16～34ページ

答え 1ページ

べんきょうした日　月　日

1 新しい漢《かん》字を読みましょう。

① 16ページ 詩（　）を楽しむ。
② 言葉（　）に気をつける。
③ 国語の学習（　）。
④ 文字に着目（　）する。
⑤ 21ページ お話の登場人物（　）。
⑥ 気持（　）ちをたしかめる。
⑦ 旅（　）に出る。

⑧ 白一色（　）の山々。
⑨ さばくが黄金（　）にかがやく。
⑩ 木のみをさがし始（　）める。
⑪ 森の中を進（　）む。
⑫ 今日（　）は朝からねむい。
⑬ はながくんくんと動（　）く。
⑭ 深（　）いしげみの中。

⑮ 様子（　）をながめる。
⑯ 一人（　）で見つける。
⑰ 空気（　）をすいこむ。
⑱ 物語（　）を読む。
⑲ 心にのこる場面（　）。
⑳ 二人（　）で話す。
ここから はってん
✿㉑ 秋の落《らく》葉（　）。

✿の漢字は新出《しゅつ》漢字のべつの読み方です。

＊22 ピアノを習う。（　　）

＊23 シャツを着る。（　　）

＊24 学校に着く。（　　）

＊25 登山を楽しむ。（　　）

＊26 木によじ登る。（　　）

＊27 作物をそだてる。（　　）

＊28 旅行に出かける。（　　）

＊29 じゅぎょうを開《かい》始する。（　　）

＊30 大会を進行する。（　　）

＊31 森にすむ動物たち。（　　）

＊32 水深をはかる。（　　）

＊33 王様のすむおしろ。（　　）

2 あたらしい漢《かん》字を書きましょう。〔　〕は、おくりがなも書きましょう。

1 16ページ うつくしい□《し》を読む。

2 □□《ことば》をしらべる。

3 算数の□□《がくしゅう》。

4 デザインに□□《ちゃくもく》する。

5 21ページ □□□□《とうじょうじんぶつ》。

6 やさしい〔　　〕《きもち》。

7 車で□《たび》をする。

8 □□□《しろいっしょく》のふく。

9 □□《おうごん》の光。

10 テストを〔　　〕《はじめる》。

11 まっすぐ〔　　〕《すすむ》。

12 □□《きょう》のニュース。

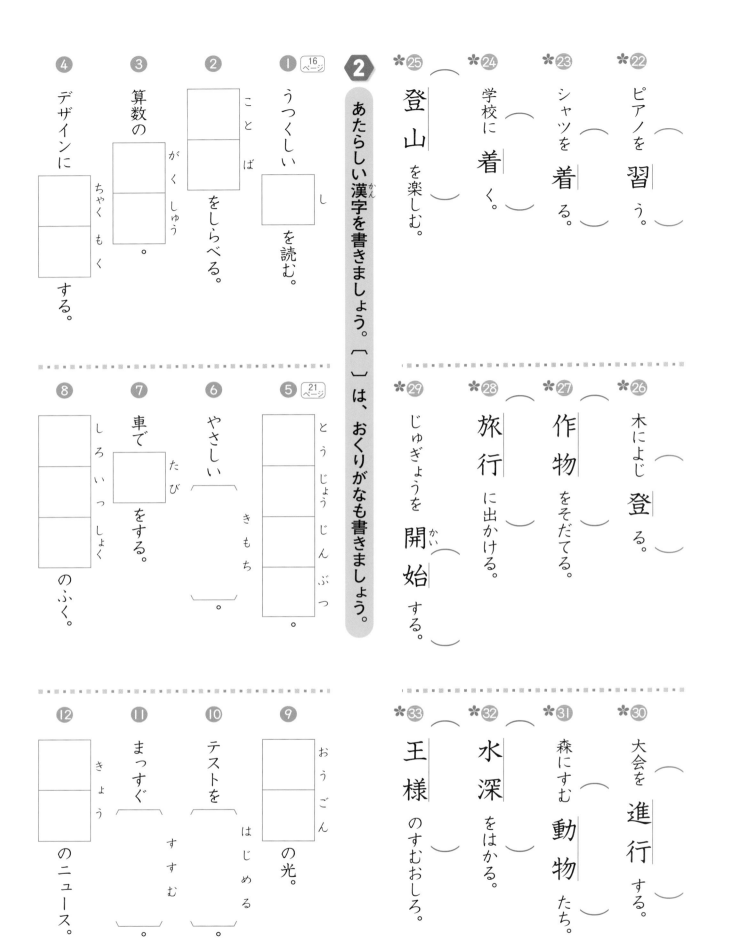

⑬ 体が（　　）《うごく》。

⑭ （　　）《ふかい》海にもぐる。

⑮ 学校の（　　）《ようす》。

⑯ （　　）《ひとり》で考える。

⑰ （　　）《くうき》がつめたい。

⑱ むかしの（　　）《ものがたり》。

⑲ たたかいの（　　）《ばめん》。

⑳ （　　）《ふたり》であそぶ。

ここからはってん

＊㉑ ダンスを（　）《なら》う。

＊㉒ えきに（　）《つ》く。

＊㉓ （　　）《とざん》をはじめる。

＊㉔ （　　）《りょこう》の用意《ようい》。

＊㉕ かわいい（　　）《どうぶつ》。

3 漢字で書きましょう。（〰は、おくりがなも書きましょう。太字は、この回でならった漢字をつかったことばです。）

❶ **し**のひょうげんに**ちゃくもく**する。

❷ あたらしい**ことば**を**がくしゅう**する。

❸ **ものがたり**の**とうじょうじんぶつ**。

❹ **たび**にでるじゅんびを**はじめる**。

❺ **ふかい**やまのおくへ**すすむ**。

❻ **ばめん**の**ようす**をあらわす。

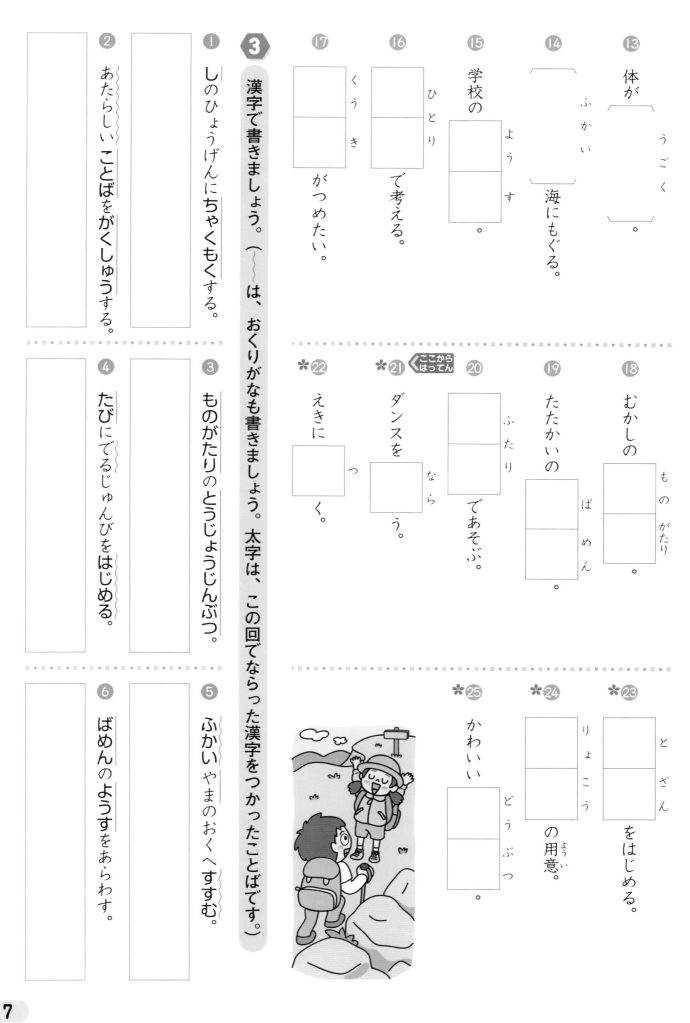

きほんのワーク

図書館たんていだん／国語辞典《じてん》を使おう
漢字の広場①

教科書 上35～41ページ

べんきょうした日　月　日

◆「読み方」の赤い字は教科書で使われている読みです。★はまちがえやすい漢字です。

図書館たんていだん

35ページ

館　しょくへん（16画）

とめる　立てる　立てる　はねる

読み方：カン　やかた

使い方：図書館《としょかん》・体育館《たいいくかん》　古い館《やかた》にすむ

漢字の形にちゅうい。
「館」の左がわの部分《ぶ》にちゅうい！
○「⻞」と書くよ。
×「食」と書かないようにしよう。

36ページ

号　くち（5画）

長く　一画　はねる

読み方：ゴウ　―

使い方：番号《ばんごう》・記号《きごう》

36ページ

調　ごんべん（15画）

はねる　はらう

読み方：チョウ　しらべる　（ととのう）（ととのえる）

使い方：調子《ちょうし》・調理《ちょうり》・体調《たいちょう》　言葉を調《しら》べる

おくりがなにちゅうい。
○調《しら》べる
×調らべる
×調る
おくりがなは「べる」だよ。

国語辞典を使おう

38ページ

使　にんべん（8画）

つき出す　はらう　つき出す

読み方：シ　つかう

使い方：使者《ししゃ》・使用《しよう》・大使《たいし》　はしを使《つか》う

ひつじゅん 1 2 3 4 5　まちがえやすいところ…★

38ページ

問　くち

問

とめる　はねる

読み方

モン

とう・とい・とん

使い方

問題《もんだい》・学問《がくもん》

問《と》いをもつ・問屋《とんや》

11画

形のにている漢字。

門（モン）　問（モン）　間（カン）

「門」の中の部分にちゅういしよう。

38ページ

意　こころ

意

立てる　下を長く　とめる　まげる　はねる

読み方

イ

―

使い方

意味《いみ》・意外《いがい》・意見《いけん》

13画

38ページ

味　くちへん

味

下を長く　はらう　とめる

読み方

ミ

あじ・あじわう

使い方

意味《いみ》・味方《みかた》・風味《ふうみ》

しお味《あじ》・音楽を味《あじ》わう

8画

38ページ

湖　さんずい

湖

つける　はねる　はらう

読み方

コ

みずうみ

使い方

湖上《こじょう》・湖水《こすい》・琵琶湖《びわこ》

大きな湖《みずうみ》

12画

読み方にちゅうい。

○ みずうみ

× みづうみ

「湖」は、池やぬまより大きい、「水」（みず）がたまっている場所《しょ》のことだよ。

38ページ

漢　さんずい

漢

つき出さない　下を長く　はらう

読み方

カン

―

使い方

漢字《かんじ》・漢数字《かんすうじ》

13画

40ページ

由　た

由

つき出す　つき出さない

読み方

ユ・ユウ・（ユイ）

（よし）

使い方

由来《ゆらい》・自由《じゆう》・理由《りゆう》

5画

ものしりメモ　言葉の意味や使い方が分からないとき、どんな漢字を使って書いたらよいかを知りたいときに、国語辞典がやくに立つよ。国語辞典で調べてみよう。

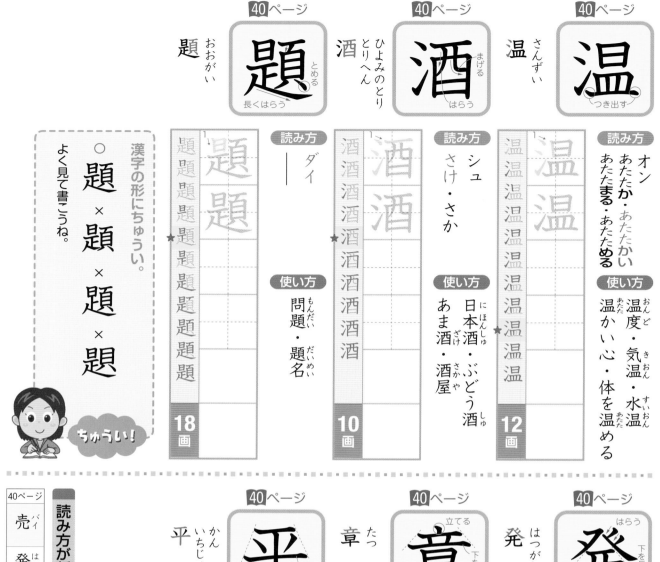

温

40ページ

温 さんずい

温（つき出す）

18画 → 12画

読み方

オン

あたた**か**・あたたかい

あたた**まる**・あたた**める**

使い方

温度《おんど》・気温《きおん》・水温《すいおん》

温《あたた》かい心・体を温《あたた》める

酒

40ページ

酒 ひよみのとり とりへん

酒（まげる・はらう）

10画

読み方

シュ

さけ・さか

使い方

日本酒《にほんしゅ》・ぶどう酒《しゅ》

あま酒《ざけ》・酒屋《さかや》

題

40ページ

題 おおがい

題（とめる・長くはらう）

18画

読み方

ダイ

—

使い方

問題《もんだい》・題名《だいめい》

漢字の形にちゅうい。

○題 ×題 ×題 ×題

よく見て書こうね。

発

40ページ

発 はつがしら

発（はらう・下を長く・はねる・はらう）

9画

読み方

ハツ・（ホツ）

—

使い方

発売《はつばい》・発音《はつおん》・発表《はっぴょう》

章

40ページ

章 たつ

章（立てる・下を長く）

11画

読み方

ショウ

—

使い方

文章《ぶんしょう》・校章《こうしょう》・第一章《だいいっしょう》

平

40ページ

平 かん いちじゅう

平（下を長く）

5画

読み方

ヘイ・ビョウ

たい**ら**・ひら

使い方

平気《へいき》・水平線《すいへいせん》・平等《びょうどう》

平《たい》らな場所《しょ》・平《ひら》がな

読み方が新しい漢字

40ページ	
売《バイ》	発売《はつばい》
40	
形《ギョウ》	人形《にんぎょう》

ものしりメモ

「酒」は「氵」(さんずい)ではなく「酉」(ひよみのとり・とりへん)の漢字だよ。「酉」は「酒を入れるつぼ」の形をあらわしていて、酒に関係《かんけい》のある漢字につくよ。

練習のワーク

図書館たんていだん／国語辞典《じてん》を使おう
漢字の広場①

教科書 上 35～41ページ
答え 1ページ

べんきょうした日　月　日

1 新しい漢字を読みましょう。

① 35ページ 図書館（　）の本。
② 番号（　）で分ける。
③ 天気を調（　）べる。
④ 38ページ 辞典《じてん》を使（　）う。
⑤ 問（　）いをもつ。
⑥ 言葉の意味（　）。
⑦ 青い湖（　）。

⑧ 漢字（　）で書く。
⑨ 自由（　）に話す。
⑩ 温（　）かいのみ物。
⑪ あま酒（　）を出す。
⑫ 問題（　）をとく。
⑬ 本を発売（　）する。
⑭ 人形（　）をあげる。

⑮ 文章（　）のまちがい。
⑯ 雨の中を平気（　）で歩く。
＊⑰ ここからはってん うらないの館（　）。
＊⑱ 体調（　）がよい。
＊⑲ プールを使用（　）する。
＊⑳ 近くの問屋《や》（　）で買う。
＊㉑ 詩を味（　）わう。

＊の漢字は新出《しんしゅつ》漢字のべつの読み方です。

✿22 湖上（　　）にうかぶボート。

✿23 言葉の由来（　　）。

✿24 気温（　　）をはかる。

✿25 日本酒（　　）のしゅるい。

✿26 酒（　　）屋《や》の前を通る。

✿27 ケーキを平（　　）等《どう》に分ける。

✿28 平（　　）らな道。

✿29 平（　　）がなの名前。

2 あたらしいかんじをかきましょう。（　）は、おくりがなもかきましょう。

35ページ

1 □□□《としょかん》に行く。

2 □□《ばんごう》をふる。

3 パソコンで（　　）《しらべる》。

38ページ

4 はさみを（　　）《つかう》。

5 （　　）《とい》に答える。

6 □□《いみ》を考える。

7 うつくしい□《みずうみ》。

8 □□《かんじ》をよむ。

9 □□《じゆう》にあそぶ。

10 （　　）《あたたかい》お茶。

11 あま□《ざけ》をくばる。

12 □□《もんだい》を出す。

13 ざっしの□□《はつばい》をまつ。

14 □□《にんぎょう》をもらう。

15 □□《ぶんしょう》をかく。

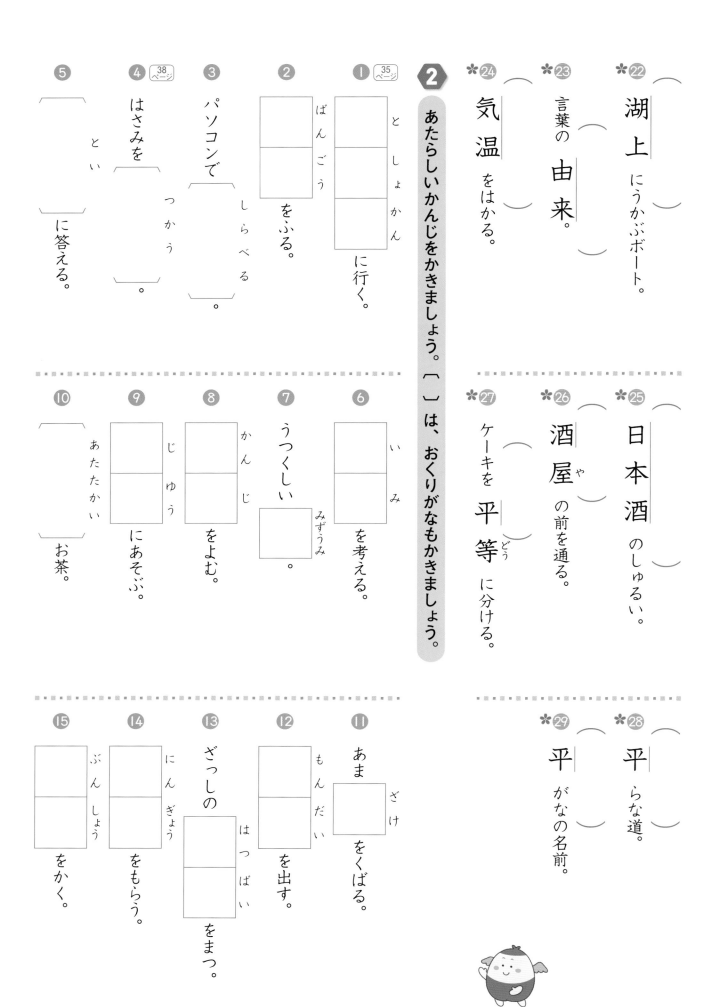

16 □□《へいき》な顔をする。

ここから はってん

＊17 □□《たいちょう》をととのえる。

＊18 教室を□□《しよう》する。

＊19 ケーキを□《あじ》わう。

＊20 □□《こじょう》に船をうかべる。

＊21 □□《ゆらい》をしらべる。

＊22 □□《きおん》が高い。

＊23 □《たい》らな土地。

＊24 かんじと□《ひら》がな。

3 かんじでかきましょう。（〰は、おくりがなもかきましょう。太じは、この回で習ったかんじをつかったことばです。）

1 としょかんでふるいしんぶんをよむ。

2 ほんをばんごうでさがす。

3 ことばのいみをしらべる。

4 ただしいかんじをつかう。

5 ふかいみずうみがひろがる。

6 じゆうにぶんしょうをかく。

⑦ さんすうのもんだいにこたえる。

⑧ にんぎょうをはつばいする。

4 漢字の広場

二年生で習った漢字を書きましょう。〔 〕は、おくりがなも書きましょう。

① □《うし》が〔 〕《なく》。

② 〔 〕《たかい》ところ。

③ 力が〔 〕《つよい》。

④ 気が〔 〕《よわい》。

⑤ 動物園の□□《ばいてん》。

⑥ □□□《いちまんえん》を出す。

⑦ 〔 〕《おなじ》クラスの友だち。

⑧ きりんの□《くび》。

⑨ 〔 〕《ながい》ひも。

⑩ □□《きいろ》の花。

⑪ □《うま》が□□《にとう》いる。

⑫ □□《じかん》におくれる。

⑬ □《はね》を〔 〕《ひろげる》。

⑭ かずが〔 〕《おおい》。

⑮ ひとが〔 〕《すくない》。

⑯ チケットを〔 〕《うる》。

⑰ お金で〔 〕《かう》。

⑱ □《もん》の外。

きほんのワーク

もっと知りたい、友だちのこと／漢字の音《おん》と訓《くん》
漢字の広場②

教科書 上44～52ページ

べんきょうした日　月　日

◆「読み方」の赤い字は教科書で使われている読みです。はまちがえやすい漢字です。

もっと知りたい、友だちのこと

44ページ

決（つき出す・はらう）

決　さんずい

読み方：ケツ　きめる・きまる

使い方：決意《けつい》・決行《けっこう》・決定《けってい》　名前を決《き》める

7画

おくりがなにちゅうい。
○ 決《き》める
○ 決まる
× 決る
おくりがなは「める」「まる」だよ。

ちゅうい！

45ページ

事（長く・はねる）

事　はねぼう

読み方：ジ・（ズ）　こと

使い方：事実《じじつ》・大事《だいじ》・用事《ようじ》　出来事《できごと》・物事《ものごと》

8画

47ページ

落（はらう）

落　くさかんむり

読み方：ラク　おちる・おとす

使い方：落葉《らくよう》・落下《らっか》・落書《らくが》き　はしを落《お》とす

12画

漢字の形にちゅうい。
○ 落　「艹」は上に大きく書くよ。
× 落　「氵」は下に小さく書くよ。

ちゅうい！

48ページ

相（とめる）

相　め

読み方：ソウ・（ショウ）　あい

使い方：相談《そうだん》・手相《てそう》　相手《あいて》・相《あい》づち

9画

ひつじゅん 1 2 3 4 5　まちがえやすいところ…★

48ページ

洋 さんずい

洋

つき出さない
一番長く

9画

読み方
ヨウ
—

使い方
洋服《ようふく》・洋食《ようしょく》・海洋《かいよう》

48ページ

服 つきへん

服

はねる
はらう
はねる
とめる

8画

読み方
フク
—

使い方
洋服《ようふく》・服《ふく》そう

漢字の形にちゅうい。

服 はねる とめる

「艮」の部分《ぶ》を「反」と書かないようにしよう。

漢字の音《おん》と訓《くん》

50ページ

次 あくび けんづくり

次

冫としない
はねる
はらう

6画

読み方
ジ・（シ）
つぐ・つぎ

使い方
次回《じかい》・目次《もくじ》
相次《あいつ》ぐ問題・次《つぎ》の文

51ページ

所 と

所

よこに書く
はらう
とめる

8画

読み方
ショ
ところ

使い方
長所《ちょうしょ》・場所《ばしょ》
人が多い所《ところ》

「所」のひつじゅん。

「所」の「斤」の部分《ぶ》は
「斤斤斤斤」のじゅんに四画《かく》で書くよ。
三画で書かないようにしよう。

51ページ

県 め

県

おれる
はらう
とめる

9画

読み方
ケン
—

使い方
県道《けんどう》・都道府県《とどうふけん》

51ページ

有 つき

有

長く
つける
とめる
はねる

6画

読み方
ユウ・（ウ）
ある

使い方
有名《ゆうめい》・所有《しょゆう》
有《あ》り合わせ

氷

51ページ

氷　みず

氷

あける　はねる

読み方

ヒョウ

こおり・(ひ)

使い方

氷山《ひょうざん》・流氷《りゅうひょう》

氷《こおり》がとける

5画

秒

51ページ

秒　のぎへん

秒

とめる　はらう　はねる

読み方

ビョウ

—

使い方

六十秒《ろくじゅうびょう》・秒速《びょうそく》

9画

農

51ページ

農　しんのたつ

農

つき出す　はらう　はらう

読み方

ノウ

—

使い方

農家《のうか》・農業《のうぎょう》・農作物《のうさくぶつ》

13画

仕

51ページ

仕　にんべん

仕

つき出す　少し長く

読み方

シ・(ジ)

つか**える**

使い方

仕事《しごと》・仕組《しく》み

王様に仕《つか》える

5画

球

51ページ

球　おうへん　たまへん

球

わすれない　はねる

読み方

キュウ

たま

使い方

野球《やきゅう》・地球《ちきゅう》

球《たま》をひろう

11画

局

51ページ

局　しかばね　かばね

局

はらう　はねる

読み方

キョク

—

使い方

ゆうびん局《きょく》・薬局《やっきょく》

7画

読み方が新しい漢字

ページ	漢字	言葉
46	心《シン》	中心《ちゅうしん》
50	朝《チョウ》	朝食《ちょうしょく》
50	食《ショク》	朝食《ちょうしょく》
50	早《ソウ》	早朝《そうちょう》
51	道《ドウ》	県道《けんどう》
51	光《コウ》	日光《にっこう》
51	分《フン》	一分《いっぷん》
51	野《ヤ》	野球《やきゅう》

とくべつな読み方をする言葉

ページ	言葉	読み方
49	お母さん	おかあさん

ものしりメモ

場所をあらわすときは漢字で「所」、場所をあらわさないときは平がなで「ところ」と書くことが多いよ。　(れい)高い所に立つ。／ちょうど家に着いたところだ。

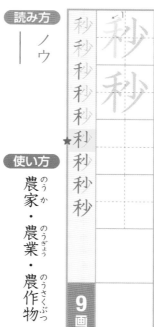

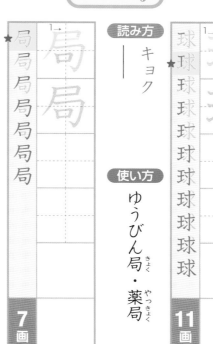

知りたいことを考えながら聞き、しつもんしよう

練習のワーク

もっと知りたい、友だちのこと／漢字の音《おん》と訓《くん》　漢字の広場②

教科書 上44～52ページ　答え 2ページ

べんきょうした日　月　日

1 新しい漢字を読みましょう。

44ページ

① 知らせたいことを **決**（　　）める。
② 学校での **出来事**（　　）。
③ 話の **中心**（　　）をとらえる。
④ 大事なことを **落**（　　）とさず言う。
⑤ **相手**（　　）につたえる。
⑥ かわいい **洋服**（　　）。
⑦ お**母さん**（　　さん）がよぶ。

50ページ

⑧ **次**（　　）の文を読む。
⑨ **朝食**（　　）をとる。
⑩ **早朝**（　　）に走る。
⑪ 高い **所**（　　）からながめる。
⑫ **県道**（　　）ぞいに歩く。
⑬ **有名**（　　）な公園がある。
⑭ **日光**（　　）が当たる。

⑮ **氷**（　　）がとけて水になる。
⑯ **一分**（　　）でおわる。
⑰ **六十秒**（　　）の時間。
⑱ **農家**（　　）のおじさん。
⑲ **仕事**（　　）の話をきく。
⑳ **野球**（　　）のれんしゅう。
㉑ ゆうびん **局**（　　）まで行く。

ここから はってん

✲22 決意（　）をかためる。

✲23 大事（　）なことを書く。

✲24 たなから物が落下（　）する。

✲25 先生に相談《だん》（　）する。

✲26 本の目次（　）。

✲27 子どもたちがいる場所（　）。

✲28 有（　）り合わせのざいりょう。

✲29 氷山（　）を見る。

✲30 国王に仕（　）える。

✲31 球（　）をうつ。

2 新しい漢字を書きましょう。〔　〕は、おくりがなも書きましょう。

1 44ページ かかりを〔　　〕《きめる》。

2 楽しい□□□《できごと》。

3 円の□□《ちゅうしん》。

4 さいふを〔　　〕《おとす》。

5 ゲームの□□《あいて》をする。

6 古い□□《ようふく》。

7 やさしい〔　　〕《おかあさん》。

8 50ページ □《つぎ》の人をよぶ。

9 □□《ちょうしょく》のメニュー。

10 □□《そうちょう》のニュース。

11 広い□《ところ》であそぶ。

12 車で□□《けんどう》を走る。

✲の漢字は新出《しゅつ》漢字のべつの読み方です。

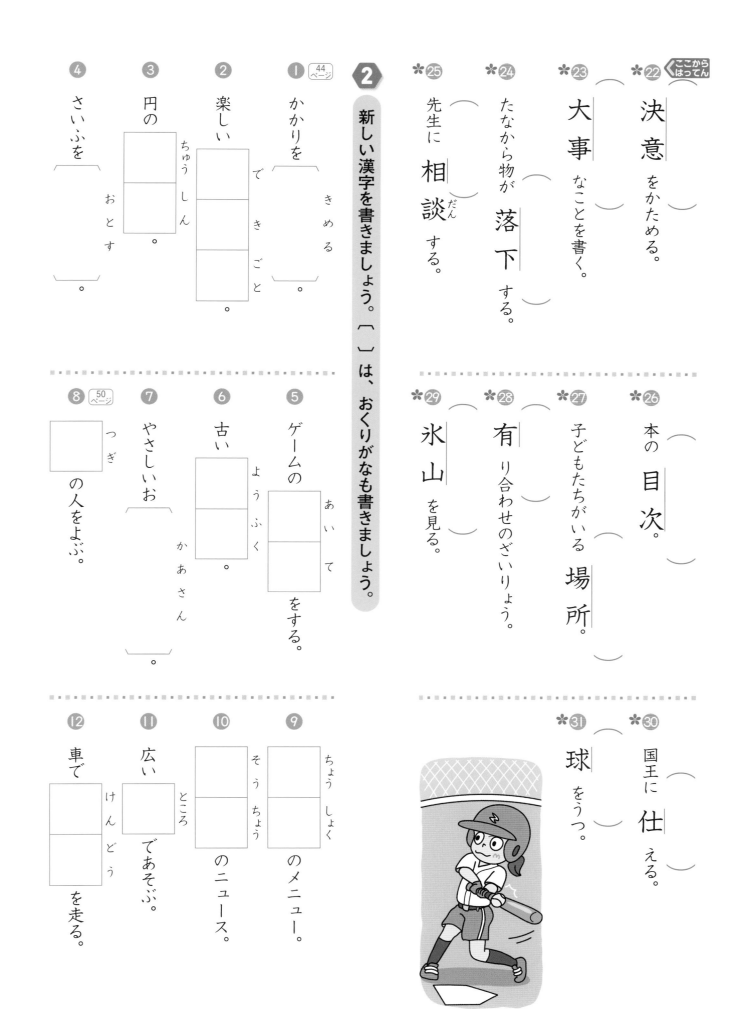

⑬ ［　　］《ゆうめい》な物語。

⑭ あたたかい［　　］《にっこう》。

⑮ 水が［　］《こおり》になる。

⑯ ［　　］《いっぷん》ではなす。

⑰ ［　　　］《ろくじゅうびょう》で答える。

⑱ ［　　］《のうか》ではたらく。

⑲ 父の［　　］《しごと》。

⑳ ［　　］《やきゅう》のルール。

㉑ ゆうびん［　］《きょく》で手紙をだす。

ここから はってん

✿㉒ ［　　］《けつい》を語る。

✿㉓ ［　　］《だいじ》なものをしまう。

✿㉔ ［　　］《もくじ》を見る。

✿㉕ ［　　］《ばしょ》をきめる。

✿㉖ 海にうかぶ［　　］《ひょうざん》。

✿㉗ おひめ様に［　］《つか》える。

3 漢字で書きましょう。（～～は、おくりがなも書きましょう。ふと字は、この回で習った漢字を使った言葉です。）

① **そうちょう**の**できごと**をはなす。

［　　　　　　］

② **ちゅうしん**になってうごく。

［　　　　　　］

③ **あいて**のき**もち**をかんがえる。

［　　　　　　］

④ あたらしい**ようふく**をかう。

［　　　　　　］

⑤ **けんどう**ぞいのゆうびん**きょく**。

［　　　　　　］

⑥ **ゆうめい**な**やきゅう**のせんしゅ。

［　　　　　　］

4 漢字の広場

二年生で習った漢字を書きましょう。〔　〕は、おくりがなも書きましょう。

1 □□《ちず》を見つける。

2 □《いえ》をでる。

3 ぼうけんに〔　　〕《いく》。

4 □□□《いっぽんみち》を歩く。

5 □□《げんき》をだす。

6 □□《ほうがく》をたしかめる。

7 なかまに〔　　〕《あう》。

8 □□《しんゆう》になる。

9 〔　　〕《ふとい》木のえだ。

10 一人では〔　　〕《こころぼそい》。

11 とちゅうで立ち〔　　〕《どまる》。

12 はしの上を〔　　〕《とおる》。

13 深い□《たに》。

14 □□《ゆみや》を使う。

15 □□《てんさい》があらわれる。

16 まとに〔　　〕《あたる》。

17 大きな□《いわ》。

18 □《と》をあける。

19 〔　　〕《まるい》形のいわ。

20 つなを〔　　〕《ひく》。

21 たから物が〔　　〕《ひかる》。

22 いえに〔　　〕《かえる》。

まとまりをとらえて読み、かんそうを話そう

きほんのワーク

文様《もんよう》／こまを楽しむ／全体と中心
気持ちをこめて、「来てください」／漢字の広場③

教科書 上53〜70ページ

べんきょうした日 月 日

◆「読み方」の赤い字は教科書で使われている読みです。●●はまちがえやすい漢字です。

全
53ページ
全 ひとやね
（つける・つけない・はらう・一番長く）

読み方
ゼン
まったく・すべて

使い方
全体《ぜんたい》・全国《ぜんこく》・全《まった》くない
全《すべ》てをつたえる

6画

遊
53ページ
遊 しんにゅう しんにょう
（立てる・一画・はねる）

読み方
ユウ・(ユ)
あそぶ

使い方
遊園地《ゆうえんち》
こま遊《あそ》び・外で遊《あそ》ぶ

12画

「遊」のひつじゅん。
「遊」は、「方斿遊」のじゅんに書くよ。
「方」をさいしょに、「辶」はさいごに書こうね。

表
55ページ
表 ころも
（長く・はらう）

読み方
ヒョウ
おもて
あらわす・あらわれる

使い方
表面《ひょうめん》・発表《はっぴょう》
半紙の表《おもて》・様子を表《あらわ》す

8画

おくりがなにちゅうい。
○ 表《あらわ》す
× 表わす
× 表らわす
おくりがなは「す」だよ。

昔
56ページ
昔 ひ
（下を長く）

読み方
(セキ)(シャク)
むかし

使い方
昔《むかし》のくらし・昔話《むかしばなし》

8画

ひつじゅん 1 2 3 4 5 まちがえやすいところ…★

56ページ

世　いち

世

長く　おれる

読み方
セイ・セ
よ

使い方
二十一世紀《せいき》・世界中《せかいじゅう》
世《よ》の中

5画

読み方にちゅうい。
「世」には二つの音読《おん》みがあるよ。
セイ　れい　後《こう》世・時世
セ　れい　世間・世代《だい》
言葉によって読み分けよう。

ちゅうい！

56ページ

界　た

界

つける　はらう　とめる

読み方
カイ
—

使い方
世界中《せかいじゅう》・業界《ぎょうかい》

9画

57ページ

速　しんにゅう　しんにょう

速

一画　とめる

読み方
ソク
はやい・はやめる
はやまる・(すみやか)

使い方
速度《そくど》・時速《じそく》
走る速《はや》さ・回転《てん》を速《はや》める

10画

57ページ

横　きへん

横

つき出す　下を長く　とめる　はらう　とめる

読み方
オウ
よこ

使い方
横転《おうてん》・横断歩道《おうだんほどう》
どうの横《よこ》・横書《よこが》き

15画

58ページ

指　てへん

指

はねる　はねる

読み方
シ
ゆび・さす

使い方
指定《してい》・指名《しめい》
指《ゆび》でつまむ・北を指《さ》す

9画

59ページ

鉄　かねへん

鉄

とめる　つき出す　つける　下を長く　はらう

読み方
テツ
—

使い方
鉄《てつ》のぼう・鉄道《てつどう》・鉄分《てつぶん》

13画

59ページ

安　うかんむり

安

立てる　とめる　はねる　少し出す　長く　とめる

読み方
アン
やすい

使い方
安定《あんてい》・安心《あんしん》・安全《あんぜん》
安《やす》いねだん

6画

ものしりメモ
「宀」(うかんむり) は、やねにおおわれた家の形を表しているよ。「安」は「宀」＋「女」だね。
家の中で女の人が、しずかにすわっている様子からできた漢字だよ。

59ページ

定

定　うかんむり

立てる　はねる　とめる　長くはらう

8画

読み方

テイ・ジョウ
さだめる・さだまる
（さだか）

使い方

安定《あんてい》・一定《いってい》・三角定規《さんかくじょうぎ》
ねらいを定《さだ》める

気持ちをこめて、「来てください」

おくりがなにちゅうい。

○ 定《さだ》める（× 定だめる　× 定る）
○ 定《さだ》まる（× 定だまる　× 定る）
おくりがなは「める」「まる」だよ。

ちゅうい！

66ページ

運

運　しんにゅう　しんにょう

はねる　少し長く　一画

12画

読み方

ウン
はこぶ

使い方

運動会《うんどうかい》・運行《うんこう》・運転《うんてん》
車で運《はこ》ぶ

67ページ

予

予　はねぼう

長く　はねる

4画

読み方

ヨ
―

使い方

予定《よてい》・予言《よげん》・予習《よしゅう》

69ページ

送

送　しんにゅう　しんにょう

一画　とめる

9画

読み方

ソウ
おくる

使い方

発送《はっそう》・放送《ほうそう》
手紙を送《おく》る

69ページ

住

住　にんべん

一番長く

7画

読み方

ジュウ
すむ・すまう

使い方

住所《じゅうしょ》・住人《じゅうにん》
村に住《す》む・よい住《す》まい

読み方が新しい漢字

ページ	漢字	言葉
53ページ	見《ケン》	発見《はっけん》
56	行《おこなう》	行《おこな》う
57	元《もと》	元《もと》の色
67	走《ソウ》	八十メートル走《そう》
68	通《かよう》	通《かよ》う

とくべつな読み方をする言葉

ページ	言葉	読み
59	上手	じょうず
67	一日	ついたち

ものしりメモ

「軍」「关」「束」「斿」。これらの部《ぶ》分に、あるきょうつうする部分をつけると、漢字ができるよ。きょうつうする部分は分かったかな？　答えは「⻌」(しんにゅう・しんにょう)だよ。

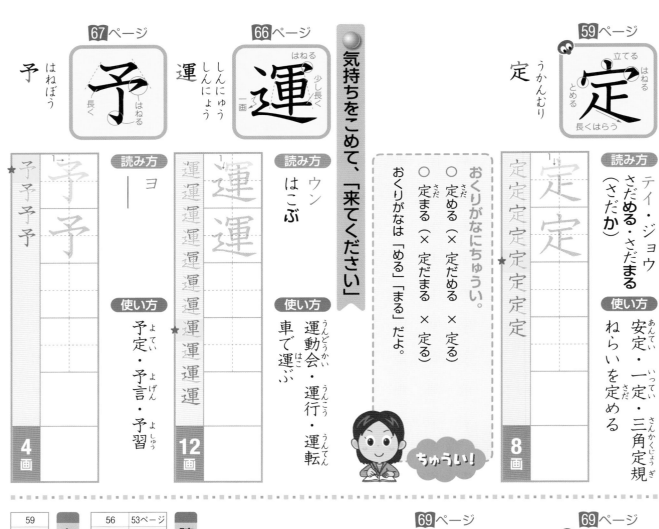

練習のワーク

文様《もんよう》／こまを楽しむ／全体と中心／気持ちをこめて、「来てください」／漢字の広場③

教科書 上53～70ページ
答え 2ページ

べんきょうした日　月　日

1 新しい漢字を読みましょう。

① 53ページ 文章全体（　）の組み立て。
② こま遊（　）びをする。
③ 新しい発見（　）をする。
④ 鳥がとぶ様子を表（　）す。
⑤ 56ページ 昔（　）の物語。
⑥ 世界中（　）に広がる。
⑦ スポーツ大会を行（　）う。

⑧ 元（　）の色がかわる。
⑨ こまを回す速（　）さ。
⑩ どうの横（　）にあなを空ける。
⑪ 指（　）でつまむ。
⑫ 上手（　）に力をつたえる。
⑬ 鉄（　）でできたぼう。
⑭ 安定（　）したつくり。

⑮ 66ページ 運動会（　）のあんない。
⑯ 予定（　）を立てる。
⑰ 六月一日（　）。
⑱ 八十メートル走（　）に出《しゅつ》場する。
⑲ 小学校に通（　）う。
⑳ ゆうびんで送（　）る。
㉑ 住所（　）を書く。

＊22 意味が全（　）くちがう。

＊23 全（　）てをわすれる。

＊24 遊園地（　）に行く。

＊25 とく点を発表（　）する。

＊26 紙の表（　）とうら。

＊27 二十一世（　）紀《き》。

＊28 世（　）の中をよくする。

＊29 走る速（　）度《ど》を上げる。

＊30 車が横（　）転《てん》する。

＊31 かかりを指名（　）する。

＊32 南を指（　）す。

＊33 ねだんが安（　）い。

＊34 三角定（　）規《ぎ》を使う。

＊35 ねらいが定（　）まる。

＊36 にもつを運（　）ぶ。

＊37 しょうひんを発送（　）する。

＊38 町に住（　）む。

2 新しい漢字を書きましょう。〔　〕は、おくりがなも書きましょう。

1 53ページ クラス［　　］《ぜんたい》がまとまる。

2 友だちと〔　　〕《あそぶ》。

3 ぐうぜん［　　］《はっけん》する。

4 文章に書き〔　　〕《あらわす》。

5 56ページ ［　］《むかし》の思い出。

6 ［　　　］《せかいじゅう》をとび回る。

＊の漢字は新出《しゅつ》漢字のべつの読み方です。

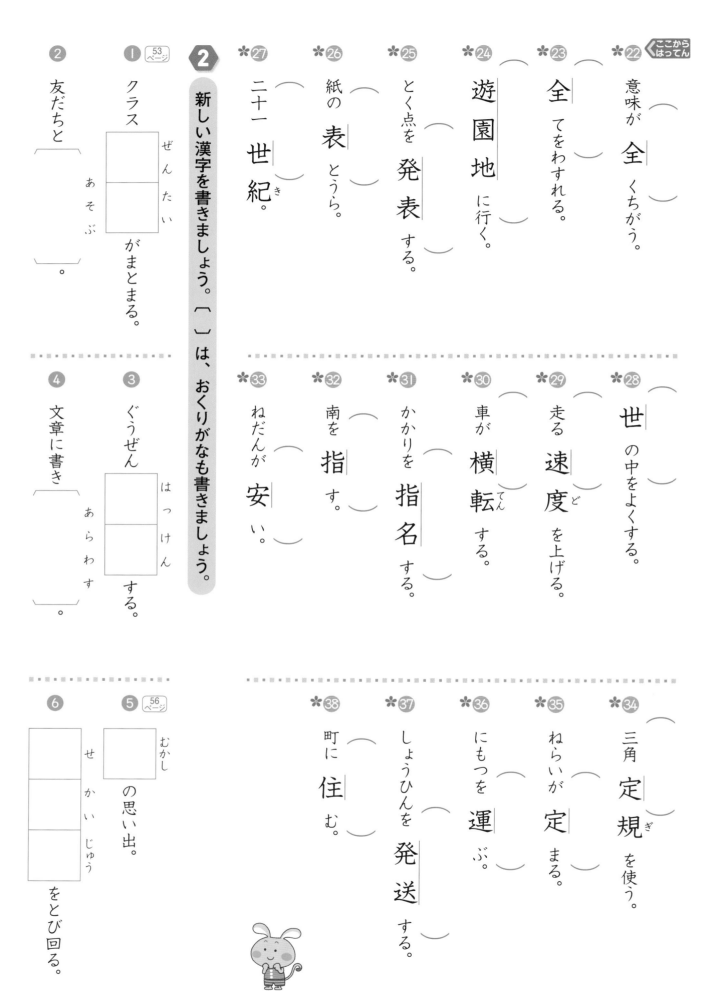

⑦ 花火大会を［　　］《おこなう》。

⑧ □《もと》のいちにもどす。

⑨ およぐ［　　］《はやさ》をきそう。

⑩ かばんを□《よこ》におく。

⑪ 手足の□《ゆび》。

⑫ 歌が□□《じょうず》な人。

⑬ □《てつ》でできたフライパン。

⑭ □□《あんてい》した天気がつづく。

⑮ 66ページ □□□《うんどうかい》を楽しむ。

⑯ □□《よてい》どおりに進む。

⑰ 八月□□《ついたち》。

⑱ 百メートル□《そう》。

⑲ ピアノ教室に［　　］《かよう》。

⑳ 手紙を［　　］《おくる》。

㉑ □□《じゅうしょ》を教える。

ここからはってん

✿㉒ 大すきな□□□《ゆうえんち》。

✿㉓ けっかを□□《はっぴょう》する。

✿㉔ □《よ》の中の声。

✿㉕ キャプテンを□□《しめい》する。

✿㉖ やさいが□《やす》い。

✿㉗ 教室にいすを□《はこ》ぶ。

✿㉘ 山おくに□《す》む。

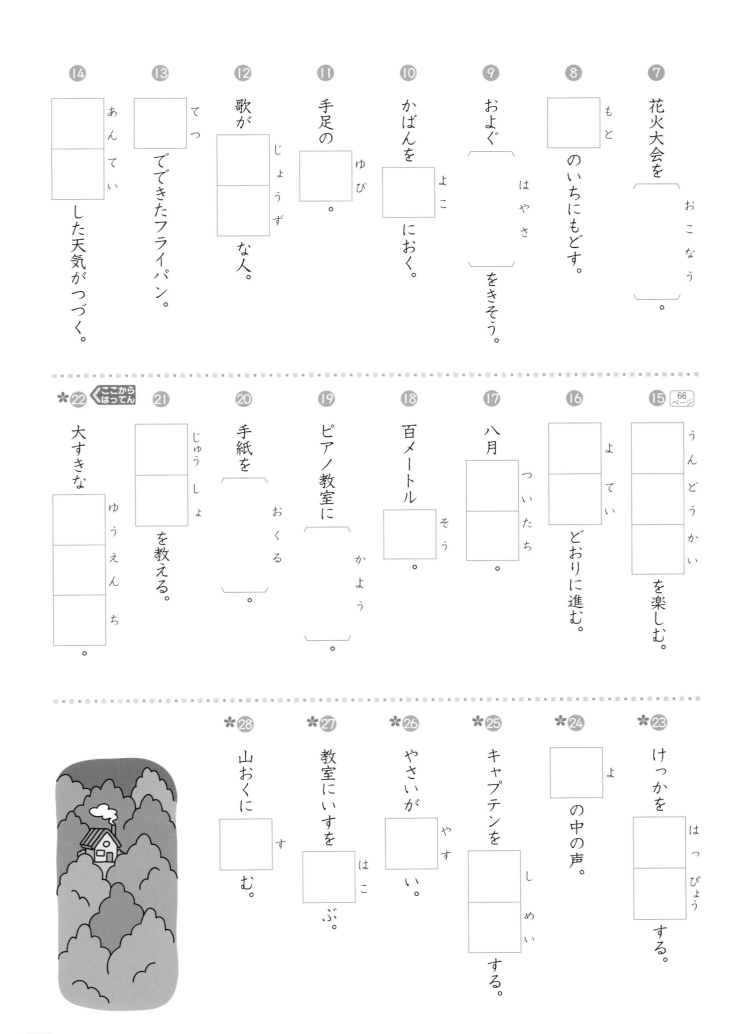

3 漢字で書きましょう。（〰は、送りがなも書きましょう。太字は、このかいで習った漢字を使った言葉です。）

① せかいじゅうでにんきがでる。

□

② うんどうかいをおこなう。

□

③ ゆびでおさえてあんていさせる。

□

4 漢字の広場 二年生で習った漢字を書きましょう。〔 〕は、送りがなも書きましょう。

① □□□《にちようび》の□《あさ》。

② □《かお》を□□《まいにち》あらう。

③ □《いもうと》の□□《にんぎょう》。

④ □《あね》と□□《しつない》で遊ぶ。

⑤ □□《ごぜん》と□□《ごご》。

⑥ 友人が家に〔　　〕《くる》。

⑦ □《にく》を□□《はんぶん》に切る。

⑧ □□《なんかい》も□《そと》にでる。

⑨ □《ちち》と□《はは》を〔　　〕《おもう》。

⑩ □《よる》に□□《にっき》を書く。

⑪ □□《こんしゅう》の□□《とうばん》。

⑫ □《おとうと》がもけいを〔　　〕《つくる》。

⑬ 〔　　〕《たのしみ》な□□《ばんぐみ》。

⑭ □《あに》が□□《こがたな》を使う。

⑮ □□《とうきょう》に〔　　〕《いく》。

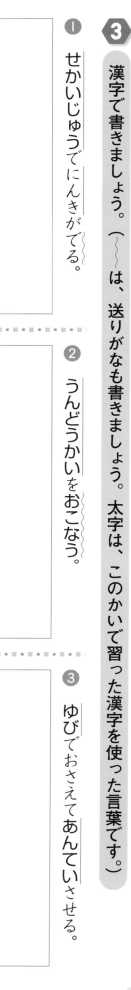

きほんのワーク

まいごのかぎ／俳句《はいく》を楽しもう／こそあど言葉を使いこなそう／引用するとき

教科書 上 71～97ページ

べんきょうした日　月　日

◆「読み方」の赤い字は教科書で使われている読みです。（マーク）はまちがえやすい漢字です。

まいごのかぎ

73ページ
具（は）
長く　はらう　とめる
読み方：グ　―
使い方：絵の具《ぐ》・道具《どうぐ》・用具《ようぐ》
8画

74ページ
拾（てへん）
つける　はらう　はねる
読み方：（シュウ）（ジュウ）　ひろう
使い方：拾《ひろ》い上げる・石を拾《ひろ》う
9画

74ページ
向（くち）
はねる　とめる
読み方：コウ　むく・むける　むかう・むこう
使い方：向上《こうじょう》・方向《ほうこう》　上を向《む》く・家へ向《む》かう
6画

74ページ
坂（つちへん）
あける　はらう
読み方：（ハン）　さか
使い方：ゆるい坂《さか》・坂道《さかみち》　上り坂《ざか》
7画

76ページ
悲（こころ）
とめる　はらう　はねる
読み方：ヒ　かなしい・かなしむ
使い方：悲鳴《ひめい》　悲《かな》しい話・死《し》を悲《かな》しむ
12画

「悲」のひつじゅん。
「悲」の「非」の部分《ぶぶん》は「丿非非非」と書くよ。一画《かく》目と五画目にちゅういしよう。

ひつじゅん 1 2 3 4 5　まちがえやすいところ…★

77ページ

緑

緑 いとへん

(はらう・とめる・はねる)

読み方

リョク・(ロク)

みどり

使い方

緑茶《りょくちゃ》・新緑《しんりょく》

緑色《みどりいろ》・緑《みどり》の葉っぱ

14画

漢字の形にちゅうい。

○ 緑 × 緑

「氺」の部《ぶ》分を「水」と書かないようにしよう。

80ページ

開

開 もんがまえ

(下を長く・はねる・とめる・はらう・とめる)

読み方

カイ

ひらく・ひらける

あく・あける

使い方

開会《かいかい》・開店《かいてん》

魚の開《ひら》き・まどが開《あ》く

12画

読み方にちゅうい。

「開」には、同じ送りがなでちがう読み方があるよ。前後の言葉に気をつけて読み分けよう。

れい ○ ドアが開《ひら》く。 ○ ドアを開《ひら》く。

○ ドアが開《あ》く。 × ドアを開《あ》く。

82ページ

岸

岸 やま

(はらう・下を長く)

読み方

ガン

きし

使い方

海岸《かいがん》・対岸《たいがん》

川岸《かわぎし》・向こう岸《ぎし》

8画

86ページ

路

路 あしへん

(はらう・つき出す)

読み方

ロ

じ

使い方

路線《ろせん》・道路《どうろ》・通学路《つうがくろ》

家路《いえじ》・旅路《たびじ》

13画

にた意味をもつ漢字。

「路」とにた意味をもつ漢字に、「道」があるよ。どちらも「みち」を表すね。「道路」で一つの言葉にもなるよ。

88ページ

感

感 こころ

(はじめに書く・わすれない・はねる・とめる・まげる)

読み方

カン

―

使い方

感心《かんしん》・感動《かんどう》

ふしぎに感《かん》じる

13画

89ページ

対 すん

対（立てる・はらう・とめる・はねる）

読み方
タイ・（ツイ）
―

使い方
問題に対《たい》する答え
対決《たいけつ》・対話《たいわ》・反対《はんたい》

7画

俳句《はいく》を楽しもう

「対」を使った言葉。
対決…かちまけなどを決めること。
対立《りつ》…意見や立場が分かれて、はり合うこと。
対面…人と会うこと。向かい合うこと。
対話…向かい合って話をすること。

91ページ

区 かくしがまえ

区（おれる・とめる）

読み方
ク
―

使い方
文を区切《くぎ》る・地区《ちく》

4画

92ページ

陽 こざとへん

陽（長く・はねる）

読み方
ヨウ
―

使い方
太陽《たいよう》・陽気《ようき》・陽光《ようこう》

12画

93ページ

整 のぶん ぼくにょう

整（はらう・とめる・長く）

読み方
セイ
ととのえる・ととのう

使い方
整理《せいり》・整列《せいれつ》・調整《ちょうせい》
調子を整《ととの》える

16画

93ページ

部 おおざと

部（立てる・下を長く・はねる）

読み方
ブ
―

使い方
一部《いちぶ》・部分《ぶぶん》・全部《ぜんぶ》

11画

こそあど言葉を使いこなそう／引用するとき

「部」のひつじゅん。
「部」の「阝」の部分は、「⻖」のじゅんに三画で書《かく》くよ。
二画で書かないようにしよう。

95ページ

泳 さんずい

泳（あける・はねる）

読み方
エイ
およぐ

使い方
遠泳《えんえい》・水泳《すいえい》
魚が泳《およ》ぐ・泳《およ》ぎ出す

8画

ものしりメモ
「門」（もんがまえ）は門に関係《かんけい》のある漢字、「心」（こころ）は心に関係のある漢字につくよ。
（れい）開・間／意・感・悲

練

95ページ

練 いとへん

練（はらう・はらう・とめる・はらう）

14画

読み方

レン

ねる

使い方

練習《れんしゅう》・訓練《くんれん》

考えを練《ね》る

助

95ページ

助 ちから

助（つき出す・はねる）

7画

読み方

ジョ

たすける・たすかる

（すけ）

使い方

助言《じょげん》・助手《じょしゅ》

友だちを助《たす》ける

童

95ページ

童 たつ

童（立てる・長く）

12画

読み方

ドウ

（わらべ）

使い方

童話《どうわ》・児童館《じどうかん》

漢字の形にちゅうい。

○ 童

× 童

「里」のたてぼうが上につき出ないように。

申

95ページ

申 た

申（つき出す）

5画

読み方

（シン）

もうす

使い方

申《もう》しこむ・申《もう》し上げる

形のにている漢字。

田（た）　由（ユ）　申（もう-す）

たてぼうをつき出すかどうかで区べつしよう。

読み方が新しい漢字

ページ	漢字	読み方	例
75ページ	金	かな	金具《かなぐ》
75	円	まるい	円《まる》い
76	鳴	メイ	悲鳴《ひめい》
80	歩	ホ	歩道《ほどう》
81	羽	は	羽《は》ばたく
82	海	カイ	海岸《かいがん》
91	子	シ	調子《ちょうし》
92	東	ひがし	東《ひがし》の空
92	太	タイ	太陽《たいよう》
93	歌	カ	歌詞《かし》
95	近	キン	近所《きんじょ》
95	言	ゲン	助言《じょげん》
96	引	イン	引用《いんよう》
97	出	シュツ	出典《しゅってん》

ものしりメモ

「助」の「力」は、うでのきん肉がもり上がっている様子を表しているよ。「力（カ）」は、力のはたらきや、力をつくすことに関係《かんけい》のある漢字につくんだ。

練習のワーク

まいごのかぎ／俳句《はいく》を楽しもう
こそあど言葉を使いこなそう／引用するとき

教科書 上71〜97ページ　答え 2ページ

べんきょうした日　月　日

1 新しい漢字を読みましょう。

1 (71ページ) 白い絵の 具（　）。
2 かぎを 拾（　）い上げる。
3 交番に 向（　）かう。
4 坂（　）を下る。
5 四角い 金具（　）。
6 円（　）いあながある。
7 悲鳴（　）を上げる。

8 緑色（　）のベンチ。
9 おうだん 歩道（　）をわたる。
10 魚の 開（　）きをならべる。
11 かもめが 羽（　）ばたく。
12 海岸（　）通りを走る。
13 路線（　）バスで帰る。
14 楽しく 感（　）じる。

15 出来事に 対（　）する考え方。
16 (91ページ) 言葉の 調子（　）を楽しむ。
17 とちゅうで 区切（　）る。
18 月が 東（　）の空からのぼる。
19 太陽（　）が西にしずむ。
20 リズムを 整（　）える。
21 昔の歌の 歌詞《し》（　）を読む。

22 文章の一部（　　）をぬき出す。

23 94ページ 近所（　　）のプールで遊ぶ。

24 海で泳（　　）ぐ。

25 マラソンの練習（　　）。

26 コーチが助言（　　）する。

27 童話（　　）の読み聞かせ。

28 大会に申（　　）しこむ。

29 96ページ 引用（　　）した言葉。

30 文章の出典《てん》（　　）を書く。

✿31 ここからはってん 進む方向（　　）をまちがえる。

✿32 悲（　　）しい物語。

✿33 スーパーを開店（　　）する。

✿34 じょうほうを整理（　　）する。

✿35 水泳（　　）を習う。

✿36 けが人を助（　　）ける。

2 新しい漢字を書きましょう。〔　〕は、送りがなも書きましょう。

1 71ページ 絵の□《ぐ》で色をぬる。

2 本を〔　　〕《ひろい》上げる。

3 家に〔　　〕《むかう》。

4 □《さか》を上る。

5 □□《かなぐ》でとめる。

6 〔　　〕《まるい》形のおぼん。

7 □□《ひめい》が聞こえる。

8 □□《みどりいろ》の葉っぱ。

9 □□《ほどう》をあるく。

✿の漢字は新しゅつ漢字のべつの読み方です。

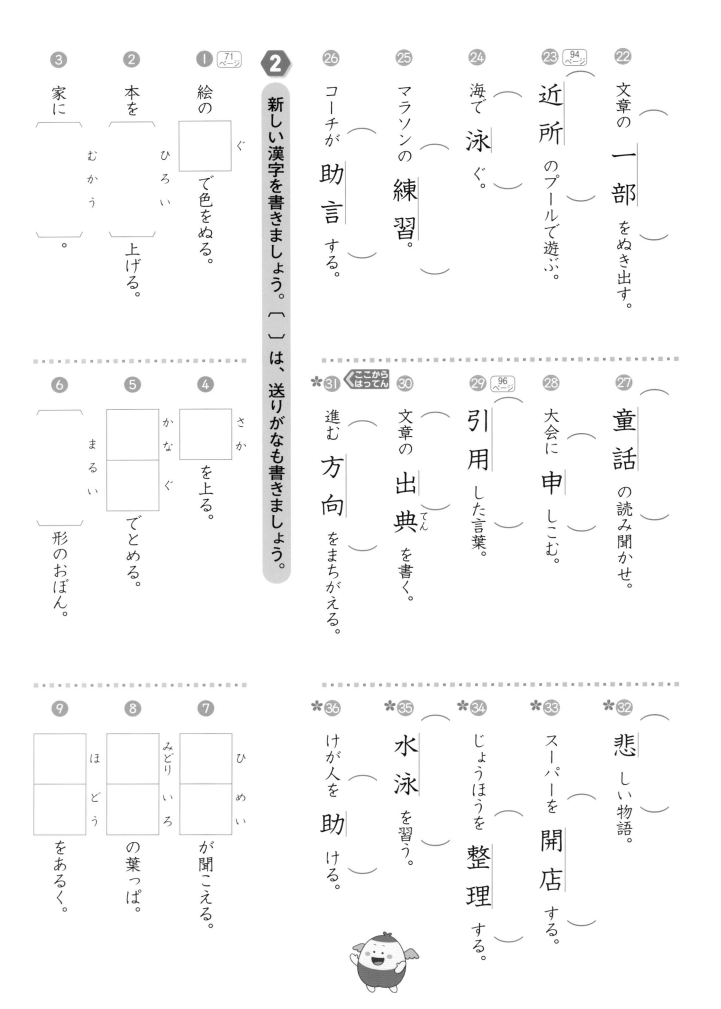

⑩ さんまの〔　　〕《ひらき》。

⑪ 空へ□《は》ばたく。

⑫ □□《かいがん》にそったみち。

⑬ □□《ろせん》バスにのる。

⑭ あまみを□《かん》じる。

⑮ 友人に□《たい》する気持ち。

⑯ 91ページ 体の□□《ちょうし》がよい。

⑰ 文章を〔　　〕《くぎる》。

⑱ □《ひがし》の空が明るくなる。

⑲ □□《たいよう》がかがやく。

⑳ 形を〔　　〕《ととのえる》。

㉑ メロディーに□《か》詞《し》をつける。

㉒ □□《いちぶ》の地いきで雨がふる。

㉓ 94ページ □□《きんじょ》の店。

㉔ プールで〔　　〕《およぐ》。

㉕ サッカーの□□《れんしゅう》。

㉖ 弟に□□《じょげん》する。

㉗ □□《どうわ》作家をめざす。

㉘ さんかを〔　　〕《もうし》こむ。

㉙ 96ページ 新聞から□□《いんよう》する。

㉚ 文章の□《しゅっ》典《てん》をしらべる。

✿㉛ ここからはってん □《かな》しい知らせ。

✿㉜ □□《すいえい》の大会。

✿㉝ なかまを□《たす》ける。

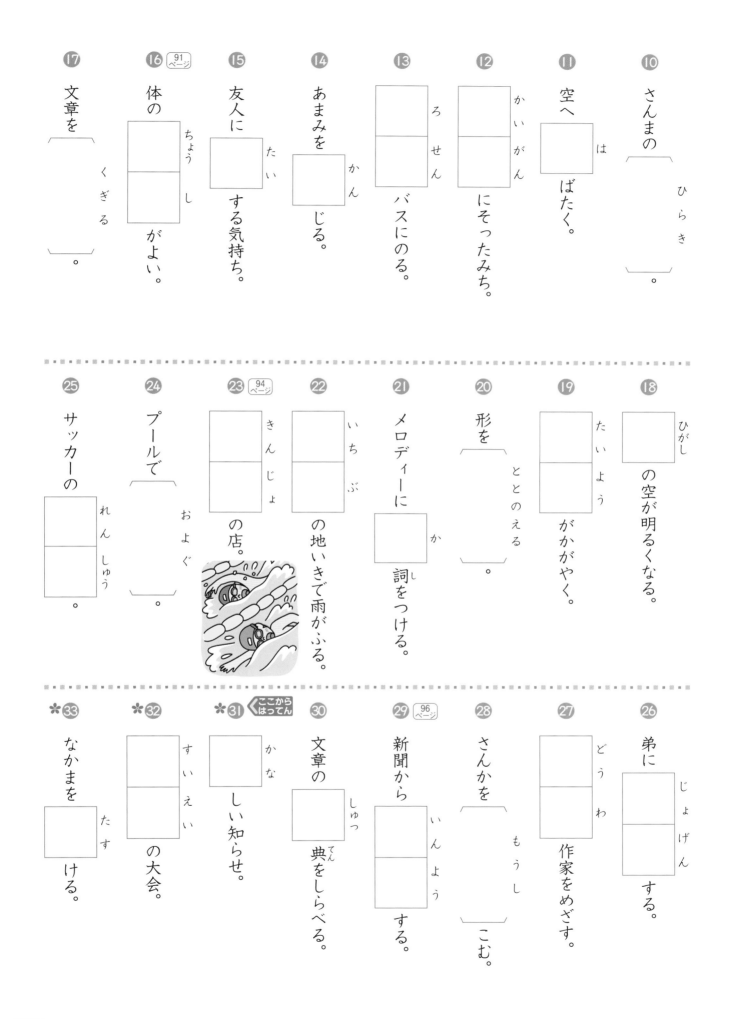

つたえたいことをはっきりさせて、ほうこくする文章を書こう

きほんのワーク

仕事のくふう、見つけたよ／夏のくらし
本で知ったことをクイズにしよう／鳥になったきょうりゅうの話

教科書 上98～117ページ

べんきょうした日　月　日

◆「読み方」の赤い字は教科書で使われている読みです。●●はまちがえやすい漢字です。

仕事のくふう、見つけたよ／夏のくらし

100ページ

品

品　くち

（少し大きく）

読み方
ヒン
しな

使い方
食品《しょくひん》・作品《さくひん》・商品《しょうひん》
品物《しなもの》・手品《てじな》

9画

漢字の意味。
「品」には、いろいろな意味があるよ。
①しなもの。　れい 商品・食品
②物や人のねうち。　れい 気品・上品
③しゅるい分け　れい 品詞《し》・品種《しゅ》

100ページ

商

商　くち

（立てる・あける・はねる）

読み方
ショウ
（あきなう）

使い方
商品《しょうひん》・商人《しょうにん》・商売《しょうばい》

11画

101ページ

客

客　うかんむり

（立てる・とめる・はねる・少しあける）

読み方
キャク・（カク）
―

使い方
お客様《きゃくさま》・観客《かんきゃく》・来客《らいきゃく》

9画

漢字の形にちゅうい。
○ 客　「夂」の部分を
× 客　「又」と書かないようにしよう。

103ページ

式

式　しきがまえ

（わすれない・つき出さない・はねる・はらう）

読み方
シキ
―

使い方
入学式《にゅうがくしき》・式場《しきじょう》

6画

103ページ

去 む

去

下を長く
とめる

読み方
キョ・コ
さる

使い方
去年《きょねん》・過去《かこ》
月日が去《さ》る

5画

103ページ

倍 にんべん

倍

立てる
下を長く

読み方
バイ
―

使い方
二倍《にばい》・五倍《ごばい》・何倍《なんばい》

10画

103ページ

筆 たけかんむり

筆

長く

読み方
ヒツ
ふで

使い方
毛筆《もうひつ》・筆記《ひっき》・筆者《ひっしゃ》
小筆《こふで》・一筆《ひとふで》書き

12画

でき方

漢字のでき方。
「筆」は、「竹」＋「聿」（ふで）からできているよ。手で持つ部分が竹でできたふでのことから、「絵や文字を書くこと・その道具」という意味を表すよ。

103ページ

銀 かねへん

銀

つける
とめる
はらう

読み方
ギン
―

使い方
銀行《ぎんこう》・銀色《ぎんいろ》

14画

おぼえよう!

色を表す漢字。
赤　青　黄　白　黒　茶　銀　緑
などがあるよ。

本で知ったことをクイズにしよう

108ページ

植 きへん

植

立てる
とめる
おれる

読み方
ショク
うえる・うわる

使い方
植物《しょくぶつ》・植林《しょくりん》
花を植《う》える

12画

ちゅうい!

送りがなにちゅうい。
○ 植《う》える
○ 植《う》わる
× 植る
送りがなは、「える」「わる」だよ。

ものしりメモ
漢字の足し算をしてみよう。「口」＋「口」＋「口」→？　「木」＋「直」→？
答えは「品」と「植」だよ。分かったかな。自分でも問題を作ってみよう。

108ページ

集 ふるとり

集（長く／とめる／はらう）

読み方
シュウ
あつまる・あつめる
（つどう）

使い方
集合《しゅうごう》・詩集《ししゅう》・文集《ぶんしゅう》
数多く集《あつ》める

12画

送りがなにちゅうい。
○ 集《あつ》まる（× 集つまる　× 集る）
○ 集《あつ》める（× 集つめる　× 集る）
送りがなは「まる」「める」だよ。

鳥になったきょうりゅうの話

111ページ

化 ひ

化（はねる／まげる）

読み方
カ・（ケ）
ばける・ばかす

使い方
化石《かせき》・消化《しょうか》・文化《ぶんか》
人に化《ば》ける

4画

115ページ

死 がつへん いちたへん かばねへん

死（はねる／はらう／まげる）

読み方
シ
しぬ

使い方
死者《ししゃ》・生死《せいし》
死《し》にたえる

6画

116ページ

都 おおざと

都（長くはらう／下を長く／×目／長く／はねる）

読み方
ト・ツ
みやこ

使い方
都会《とかい》・東京都《とうきょうと》・都合《つごう》
都《みやこ》に住む

11画

漢字のでき方。
「都」は、「者」（多く集まる）＋「阝」（村）からできているよ。「人が多く集まる中心地」という意味を表すよ。

読み方が新しい漢字

ページ	漢字	言葉
102ページ	合《ゴウ》	総合的《そうごうてき》
103	読《トウ》	句読点《くとうてん》
103	入《ニュウ》	入学式《にゅうがくしき》
103	晴《セイ》	晴天《せいてん》
103	毛《モウ》	毛筆《もうひつ》
103	同《ドウ》	同時《どうじ》
103	直《チョク》	直線《ちょくせん》
105	白《しら》	白玉《しらたま》
106	新《あらた》	新《あら》た
111	石《セキ》	化石《かせき》
113	地《ジ》	地面《じめん》

とくべつな読み方をする言葉

ページ	言葉	読み方
98	大人	おとな
103	今年	ことし
103	二日	ふつか

ものしりメモ

「読」には「ドク・トク・トウ・よ(む)」の読み方があるよ。「トウ」と読む言葉は、「読《とう》点《てん》」「句読点《くとうてん》」など。「トウ」と読む言葉は少ないのでおぼえてしまおう。

練習のワーク

仕事のくふう、見つけたよ／夏のくらし
本で知ったことをクイズにしよう／鳥になったきょうりゅうの話

教科書 上98～117ページ
答え 3ページ

べんきょうした日　月　日

1 新しい漢字を読みましょう。

① 98ページ 大人（　）になる。
② 食品（　）を売る。
③ 商品（　）のならべ方。
④ お客様（　）が通る。
⑤ 総《そう》合的《てき》（　）な学習の時間。
⑥ 句《く》読点（　）をうつ。
⑦ 入学式（　）の日。

⑧ 今日は晴天（　）になる。
⑨ 今年（　）の夏はあつい。
⑩ 去年（　）とちがう。
⑪ ねだんが二倍（　）になる。
⑫ 毛筆（　）で書く。
⑬ 銀行（　）に行く。
⑭ 同時（　）に家を出る。

⑮ 図形を作る直線（　）。
⑯ 二日（　）から始まる。
⑰ 104ページ つめたい白玉（　）。
⑱ 106ページ 新（　）たなちしきに出会う。
⑲ 植物（　）図鑑《かん》を見る。
⑳ なかまを数多く集（　）める。
㉑ 111ページ きょうりゅうの化石（　）。

22 地面（　　）の上。

23 生き物が死（　　）にたえる。

24 都合（　　）がいい。

ここからはってん

✿25 手品（　　）の名人。

✿26 雨雲が去（　　）る。

✿27 小筆（　　）を持つ。

✿28 木を植（　　）える。

✿29 詩集（　　）を読む。

✿30 大物に化（　　）ける。

✿31 生死（　　）を分ける。

✿32 都会（　　）に行く。

✿33 住めば都（　　）。

2 あたらしい漢字を書きましょう。（　）は、送りがなも書きましょう。

1 98ページ □□《おとな》の話を聞く。

2 □□《しょくひん》をあつかう。

3 デパートの□□《しょうひん》。

4 お□□《きゃくさま》が話す。

5 総《そう》□《ごう》的《てき》にはんだんする。

6 文章の句《く》□□《とうてん》。

7 妹の□□□《にゅうがくしき》。

8 □□《せいてん》がつづく。

9 □□《ことし》は雨が多い。

10 □□《きょねん》の夏休み。

11 人数が□□《にばい》にふえる。

12 □□《もうひつ》で書いた文字。

✿の漢字はしん出漢字のべつの読み方です。

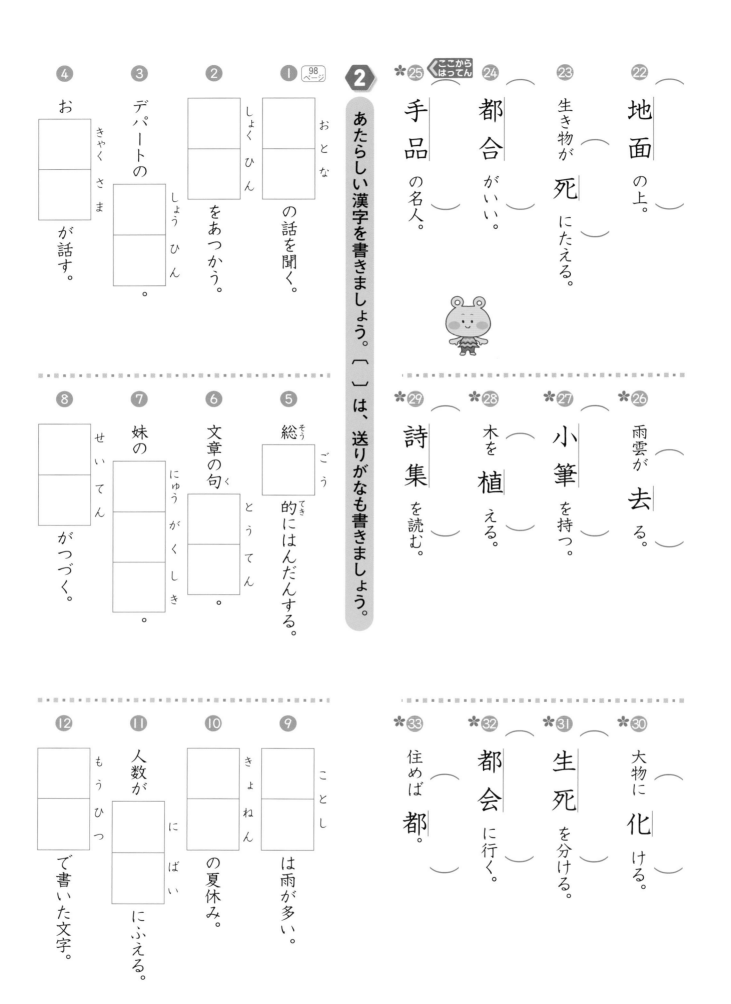

⑬ □□《ぎんこう》ではたらく。

⑭ □□《どうじ》に始める。

⑮ □□《ちょくせん》を引く。

⑯ 一月□□《ふつか》。

⑰ 104ページ □□《しらたま》をたべる。

⑱ 106ページ （　　）《あらた》なちょうせん。

⑲ □□《しょくぶつ》をそだてる。

⑳ メンバーを（　　）《あつめる》。

㉑ 111ページ マンモスの□□《かせき》。

㉒ □□《じめん》を平らにする。

㉓ 虫が（　　）《しぬ》。

㉔ あいての□□《つごう》を考える。

ここからはってん

✿㉕ □□《てじな》をみる。

✿㉖ 東京を□《さ》る。

✿㉗ チューリップを□《う》える。

3 漢字で書きましょう。（〰は、送りがなも書きましょう。太字は、この回で習った漢字を使った言葉です。）

① せかいじゅうのほんを**あつめる**。

② あたらしい**かせき**をはっけんする。

③ **つごう**のいいじかんをきめる。

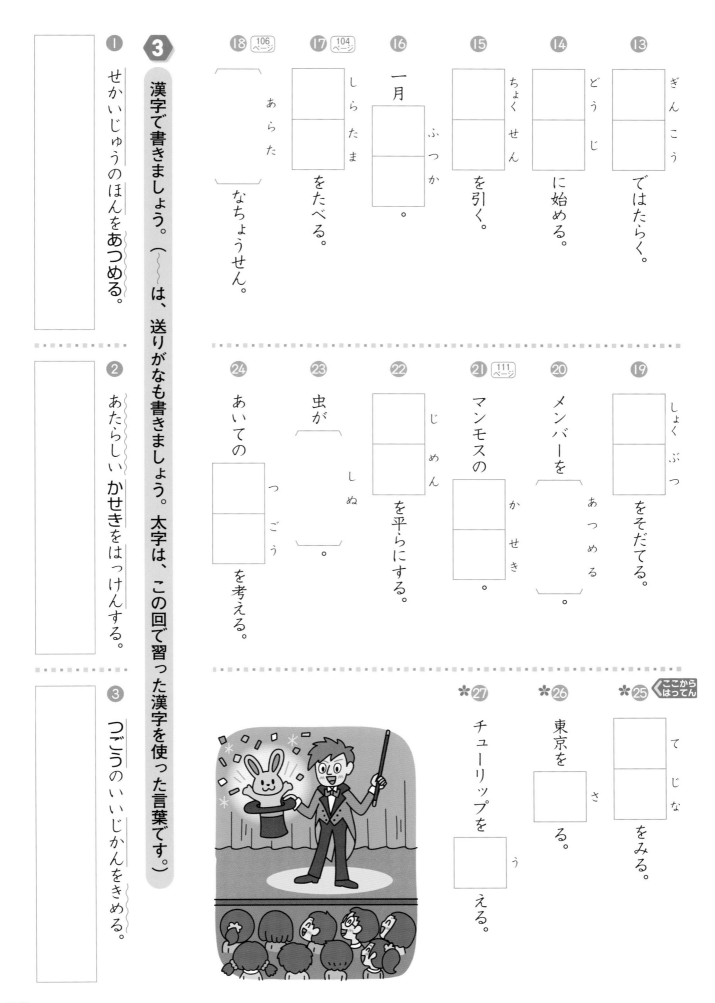

夏休み まとめのテスト①

教科書 上16〜117ページ

答え 3ページ

時間 20分

とく点 /100点

べんきょうした日 月 日

1 ――線の漢字の読み方をかきましょう。 一つ2（28点）

① 大事な言葉（　）に着目（　）する。

② 登場人物（　）の様子（　）をとらえる。

③ 漢字の意味（　）を辞典《じてん》で調（　）べる。

④ へやを自由（　）に使（　）う。

⑤ 次（　）のかかりを決（　）める。

⑥ 有名（　）なたてものがある所（　）を通る。

⑦ 農家（　）の人の仕事（　）をてつだう。

2 □は漢字を、〔　〕は漢字と送りがなをかきましょう。 一つ2（28点）

① 漢字の□□《がくしゅう》。

② □《たび》の思い出。

③ 右へ〔　〕《すすむ》。

④ □□□《としょかん》。

⑤ 大きな□《みずうみ》。

⑥ あま□《ざけ》をのむ。

⑦ □□《もんだい》を出す。

⑧ 本の□□《はつばい》。

⑨ □□《へいき》な顔。

⑩ □□《あいて》をする。

⑪ □□《けんどう》を通る。

⑫ □《こおり》がとける。

⑬ □□□《ろくじゅうびょう》。

⑭ □□《やきゅう》の大会。

3 ――線の言葉を、漢字と送りがなでかきましょう。 一つ2（10点）

① ふかい海のそこ。
② れつをととのえる。
③ あたたかいスープ。
④ 公園にむかう。
⑤ かぎをおとす。

4 次の漢字の――線の読み方をかきましょう。 一つ2（12点）

① 全
1 全部おわらせる。（　）
2 全く分からない。（　）
3 全てかたづく。（　）

② 都
1 東京都町田《まちだ》市。（　）
2 都合でお休みする。（　）
3 都へ行く。（　）

5 同じ訓《くん》読みをする漢字を、□にかきましょう。 一つ2（8点）

① あける
1 バスのまどを□ける。
2 バスのせきを□ける。

② はやい
1 朝おきるのが□い。
2 走るのが□い。

6 次の足し算をすると、一つの漢字ができます。□にその漢字をかきましょう。 一つ2（8点）

① 言＋寺→□
② 糸＋東→□
③ 木＋黄→□
④ 立＋里→□

7 次の漢字の総画《そうかく》数を、（　）に数字でかきましょう。 一つ2（6点）

① 号（　）画
② 世（　）画
③ 緑（　）画

夏休みまとめのテスト②

教科書 上16〜117ページ
答え 4ページ

時間20分

とく点 /100点

べんきょうした日 月 日

1 ——せんの漢字の読み方を書きましょう。 一つ2（28点）

① 昔（　）の子どもの遊（　）びを教わる。

② 安定（　）した速（　）さで走る。

③ 運動会（　）で八十メートル走（　）に出る。

④ 手紙に住所（　）を書いて送（　）る。

⑤ 坂（　）を下りると海岸（　）に着く。

⑥ 助言（　）を聞きながら練習（　）する。

⑦ 化石（　）を少しずつ集（　）める。

2 □は漢字を、（　）は漢字と送りがなを書きましょう。 一つ2（28点）

① □《ゆび》を動かす。

② □《てつ》のぼう。

③ 絵の□《ぐ》を使う。

④ □□《ろせん》バス。

⑤ 近くに□《かん》じる。

⑥ 体の□□《いちぶ》。

⑦ □□《どうわ》を読む。

⑧ （　）《もうし》こむ。

⑨ お□□《きゃくさま》の声。

⑩ □□□《にゅうがくしき》。

⑪ □□《にばい》の人。

⑫ □□《もうひつ》で書く。

⑬ □□《ぎんこう》のそば。

⑭ かたい□□《じめん》。

3 ――せんの言葉を、漢字と送りがなで書きましょう。 一つ2(8点)

① 音楽会がはじまる。

② かなしい物語。

③ プールでおよぐ。

④ さいふをひろう。

4 次の漢字の――せんの読み方を書きましょう。 一つ2(14点)

① 物
1 すきな動物。（　　）
2 あやしい物音。（　　）
3 はたけの作物がみのる。（　　）

② 表
1 学習発表会の日。（　　）
2 はがきの表とうら。（　　）

③ 品
1 商品をならべる。（　　）
2 手品をおぼえる。（　　）

5 次の漢字のひつじゅんで、正しいほうに○をつけましょう。 一つ2(6点)

① 有
ア（　） ノ ナ 冇 有 有 有
イ（　） 一 ナ 冇 有 有 有

② 局
ア（　） ノ 尸 尸 局 局
イ（　） ㇆ ㇇ 尸 局 局

③ 区
ア（　） 一 匚 匸 区
イ（　） 一 フ ヌ 区

6 同じ音《おん》読みをする漢字を、□に書きましょう。 一つ2(8点)

① ヨウ
1 太□
2 □食

② カイ
1 □店
2 世□

7 □にあてはまる漢字を□からえらんで書き、漢字二字の言葉を作りましょう。 一つ2(8点)

① □物

② 文□

③ □年

④ □習

予　章　植　去

きほんのワーク

わたしと小鳥とすずと／夕日がせなかをおしてくる／こんな係がクラスにほしい／ポスターを読もう

教科書 上 118～127ページ

べんきょうした日　月　日

わたしと小鳥とすずと

118ページ

両　いち

両（少しみじかく／とめる／はねる）

読み方：リョウ　—

使い方：両手《りょうて》・両親《りょうしん》・両方《りょうほう》

両両両両両両　6画

でき方

漢字のでき方。

両

二つのおもりを左右《さゆう》にのせてつり合っている「てんびん」の形からできているよ。

夕日がせなかをおしてくる

121ページ

負　かい

負（はらう／とめる）

読み方：フ　まける・まかす　おう

使い方：勝負《しょうぶ》・相手に負《ま》ける　せきにんを負《お》う

負負負負負負負負負　9画

こんな係がクラスにほしい／ポスターを読もう

122ページ

係　にんべん

係（はらう／とめる）

読み方：ケイ　かかる・かかり

使い方：関係《かんけい》　主語《しゅ》に係《かか》る・係《かかり》の人

係係係係係係係係係　9画

123ページ

員　くち

員（はらう／とめる）

読み方：イン　—

使い方：全員《ぜんいん》・店員《てんいん》

員員員員員員員員員員　10画

125ページ

祭　しめす

祭（×夕／あける／下を長く／はらう／はねる／とめる）

読み方：サイ　まつる・まつり

使い方：文化祭《ぶんかさい》　神《かみ》を祭《まつ》る・日本の祭《まつ》り

祭祭祭祭祭祭祭祭祭祭祭　11画

筆順《じゅん》 1 2 3 4 5　まちがえやすいところ…★

練習のワーク

わたしと小鳥とすずと／夕日がせなかをおしてくる／こんな係がクラスにほしい／ポスターを読もう

教科書 上118～127ページ　答え 4ページ

べんきょうした日　月　日

1 新しい漢字を読みましょう。

1 (118ページ) 両手（　　）をひろげる。

2 (120ページ) じゃんけんで負（　　）ける。

3 (122ページ) クラスの係（　　）を決める。

4 全員（　　）がそろう。

5 (124ページ) 祭（　　）りが行われる。

✿6 ここからはってん 文化祭（　　）が始まる。

2 新しい漢字を書きましょう。〔　〕は、送りがなも書きましょう。

1 (118ページ) □□《りょうて》をあげる。

2 (120ページ) 一回戦《せん》で〔　　〕《まける》。

3 (122ページ) □《かかり》の仕事を考える。

4 □□《ぜんいん》で力を合わせる。

5 (124ページ) 世界の〔　　〕《まつり》。

✿6 ここからはってん □□□《ぶんかさい》にいく。

3 漢字で書きましょう。（～～は、送りがなも書きましょう。太字は、この回で習った漢字を使った言葉です。）

1 **りょうて**でどうぐをもつ。

2 やきゅうのたいかいで**まける**。

3 かぞく**ぜんいん**で**まつり**にいく。

✿の漢字は新出漢字のべつの読み方です。

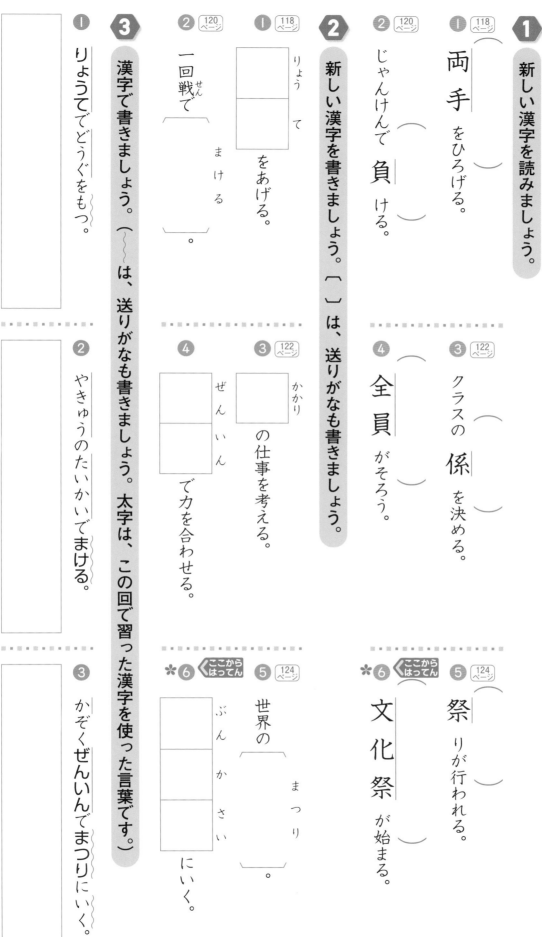

きほんのワーク

書くことを考えるときは／漢字の組み立て
ローマ字

教科書 上 128〜138ページ

勉強した日　月　日

◆「読み方」の赤い字は教科書で使われている読みです。★はまちがえやすい漢字です。

書くことを考えるときは

128ページ

業　き

（たてに／長く／はらう／とめる）

読み方　ギョウ・（ゴウ）　（わざ）

使い方　農作業《のうさぎょう》・工業《こうぎょう》・農業《のうぎょう》

13画

漢字の意味。
「業」には、いろいろな意味があるよ。
①仕事。つとめ。　れい　休業・商業・職《しょく》業
②学問。ぎのう。　れい　学業・卒《そつ》業・修《しゅ》業
③しわざ。行い。　れい　所業

漢字の意味

漢字の組み立て

131ページ

板　きへん

（あける／とめる／はらう）

読み方　ハン・バン　いた

使い方　鉄板《てっぱん》・合板《ごうはん》・黒板《こくばん》　板《いた》の間《ま》・羽子板《はごいた》

8画

131ページ

柱　きへん

（とめる／一番長く）

読み方　チュウ　はしら

使い方　電柱《でんちゅう》・鉄柱《てっちゅう》　柱時計《はしらどけい》

9画

「木」のつく漢字。
「木」（きへん）は、木のしゅるいや木でつくったものなどに関係《かん》のある漢字につくよ。
「木」のつく漢字…植　柱　板　林　など。

おぼえよう！

131ページ

油　さんずい

（つき出す／つき出さない）

読み方　ユ　あぶら

使い方　油田《ゆでん》・石油《せきゆ》・しょう油《ゆ》　油絵《あぶらえ》・油《あぶら》であげる

8画

筆順《じゅん》 1 2 3 4 5　まちがえやすいところ…★

港

131ページ

港 さんずい

読み方
コウ
みなと

使い方
開港《かいこう》・空港《くうこう》
港町《みなとまち》

12画

薬

132ページ

薬 くさかんむり

読み方
ヤク
くすり

使い方
薬草《やくそう》・薬品《やくひん》・薬局《やっきょく》
目薬《めぐすり》・薬箱《くすりばこ》・かぜ薬《ぐすり》

16画

笛

132ページ

笛 たけかんむり

読み方
テキ
ふえ

使い方
汽笛《きてき》
草笛《くさぶえ》・口笛《くちぶえ》・たて笛《ぶえ》

11画

漢字の形にちゅうい。

○ 笛 「由」の部分を
× 笛 「田」と書かないようにしよう。

ちゅうい!

注

132ページ

注 さんずい

読み方
チュウ
そそぐ

使い方
注意《ちゅうい》・注文《ちゅうもん》
水を注《そそ》ぐ

8画

形のにている漢字。

注(チュウ) 柱(チュウ) 住(ジュウ)

へんの形をよく見ておぼえよう。

注意!

悪

132ページ

悪 こころ

読み方
アク・(オ)
わるい

使い方
悪事《あくじ》・悪人《あくにん》・悪用《あくよう》
悪者《わるもの》・天気が悪《わる》い

11画

者

132ページ

者 おいかんむり

読み方
シャ
もの

使い方
学者《がくしゃ》・作者《さくしゃ》・筆者《ひっしゃ》
悪者《わるもの》・人気者《にんきもの》

8画

ものしりメモ

漢字を左右《さゆう》二つの部分に分けるとき、左がわの部分を「へん」といい、右がわの部分を「つくり」というよ。

132ページ

勝

勝　ちから

（下を長く・つき出す・はらう・はねる）

読み方

ショウ

かつ・（まさる）

使い方

勝負《しょうぶ》・決勝《けっしょう》

大会で勝《か》つ

12画

133ページ

庫

庫　まだれ

（立てる・はらう・長く）

読み方

コ・（ク）

—

使い方

車庫《しゃこ》・金庫《きんこ》・倉庫《そうこ》

10画

「广」のつく漢字。

「广」（まだれ）は、家やたてものに関係《かん》のある漢字につくよ。

「广」のつく漢字…庫　広　店　など。

おぼえよう！

ローマ字

134ページ

波

波　さんずい

（あける・はねる・はらう）

読み方

ハ

なみ

使い方

電波《でんぱ》・波長《はちょう》

波《なみ》がある・波《なみ》の音

8画

134ページ

放

放　のぶん　ぼくにょう

（立てる・はらう・はねる）

読み方

ホウ

はなす・はなつ

はなれる・ほうる

使い方

放送《ほうそう》・放出《ほうしゅつ》

手を放《はな》す・ボールを放《ほう》る

8画

134ページ

勉

勉　ちから

（はねる）

読み方

ベン

—

使い方

勉強《べんきょう》・勉学《べんがく》

10画

読み方が新しい漢字

ページ	漢字	読み	言葉
128	作	サ	農作業《のうさぎょう》
131	休	キュウ	休日《きゅうじつ》
131	日	ジツ	休日《きゅうじつ》
131	田	デン	油田《ゆでん》
132	雲	ウン	雲海《うんかい》
132	雪	セツ	新雪《しんせつ》
132	知	チ	感知《かんち》
132	買	バイ	売買《ばいばい》
133	広	コウ	広大《こうだい》
133	間	ま	間近《まぢか》
135	力	リョク	入力《にゅうりょく》
134	帰	キ	帰社《きしゃ》
134	強	キョウ	勉強《べんきょう》

とくべつな読み方をする言葉

ページ	言葉	読み
131	時計	とけい

ものしりメモ

反《はん》対の意味の言葉が分かるかな？　①勝つ←→？　②売る←→？

答えは①負ける、②買う　だよ。「勝負」「売買」という言葉もあるよ。

練習のワーク

書くことを考えるときは／漢字の組み立て　ローマ字

教科書　㊤128〜138ページ
答え　4ページ

勉強した日　月　日

1 新しい漢字を読みましょう。

① 128ページ　（　）農作業をてつだう。
② 130ページ　（　）鉄板を運ぶ。
③ （　）電柱にぶつかる。
④ （　）柱時計が鳴る。
⑤ （　）休日を楽しむ。
⑥ （　）油田を開発する。
⑦ （　）開港をいわう。

⑧ （　）目薬を買う。
⑨ （　）草笛の音を聞く。
⑩ （　）雲海が広がる。
⑪ （　）新雪がつもる。
⑫ 火に（　）注意する。
⑬ （　）悪者をつかまえる。
⑭ きけんを（　）感知する。

⑮ 本を（　）売買する。
⑯ 兄と（　）勝負する。
⑰ （　）広大な土地。
⑱ （　）車庫に車を入れる。
⑲ 絵を（　）間近で見る。
⑳ 134ページ　文字を（　）入力する。
㉑ ラジオの（　）電波がとどく。

㉒ 記者が（　　）帰社する。

㉓ お昼の校内（　　）放送。

㉔ 学校の（　　）勉強をがんばる。

ここからはってん

✿㉕（　　）羽子板を用意する。

✿㉖（　　）油絵をかく。

✿㉗（　　）港町をたずねる。

✿㉘（　　）薬草をつむ。

✿㉙ 船が（　　）汽笛を鳴らす。

✿㉚（　　）悪事をとりしまる。

2 あたらしい漢字をかきましょう。

① 128ページ □□□《のうさぎょう》をする。

② 130ページ □□《てっぱん》で肉をやく。

③ □□《でんちゅう》を立てる。

④ □□□《はしらどけい》を見る。

⑤ □□《きゅうじつ》のすごし方。

⑥ 外国の□□《ゆでん》。

⑦ みなとが□□《かいこう》する。

⑧ □□《めぐすり》をさす。

⑨ □□《くさぶえ》をふく。

⑩ うつくしい□□《うんかい》。

⑪ □□《しんせつ》の上を歩く。

⑫ 大雨に□□《ちゅうい》する。

⑬ □□《わるもの》をこらしめる。

⑭ けむりを□□《かんち》する。

⑮ 土地を□□《ばいばい》する。

✿の漢字は新出漢字のべつの読み方です。

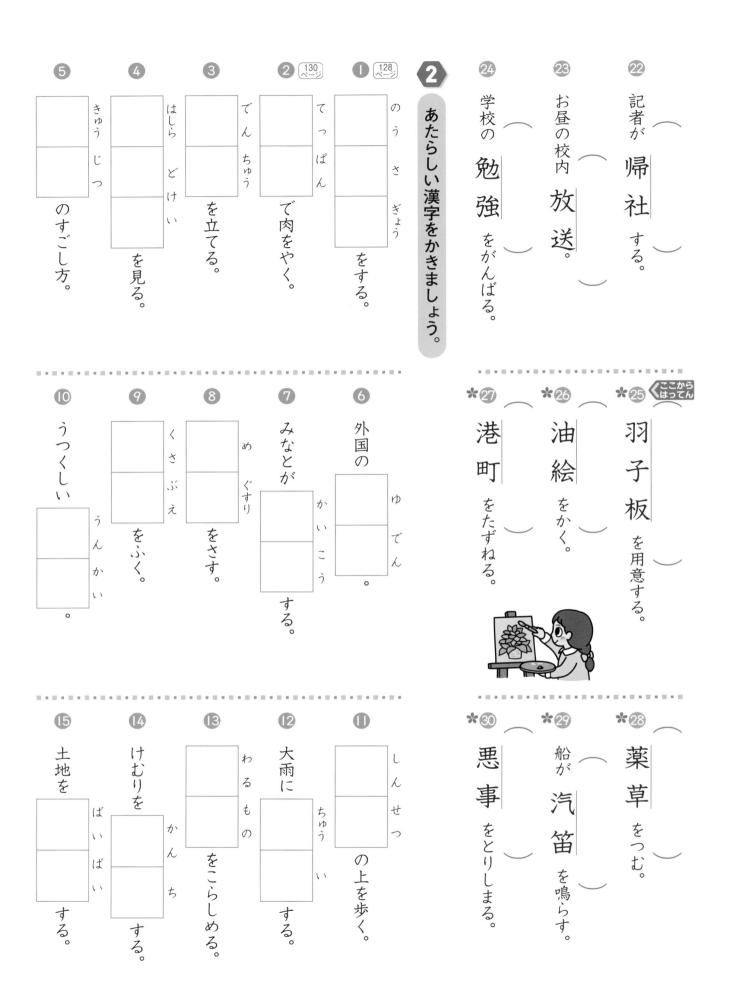

⑯ サッカーで□□《しょうぶ》する。

⑰ □□《こうだい》なさばく。

⑱ □□《しゃこ》のある家。

⑲ ゴールが□□《まぢか》にせまる。

⑳ 134ページ コンピュータに□□《にゅうりょく》する。

㉑ □□《でんぱ》がとどく。

㉒ 会長が十時に□□《きしゃ》する。

㉓ 全国に□□《ほうそう》する。

㉔ テストの□□《べんきょう》をする。

✲㉕ ここからはってん 手づくりの□□□《はごいた》。

✲㉖ □□《あぶらえ》の先生。

✲㉗ □□《みなとまち》でくらす。

✲㉘ □□《やくそう》をそだてる。

✲㉙ 船の□□《きてき》が聞こえる。

✲㉚ □□《あくじ》をゆるさない。

3 漢字でかきましょう。（〰は、おくりがなもかきましょう。太字は、この回で習った言葉です。）

1 **のうさぎょう**を~~はじめる~~。

2 **きゅうじつ**にこうえんで~~あそぶ~~。

3 **ちゅうい**して**めぐすり**をさす。

4 **わるもの**がとうじょうするばめん。

5 ニュースばんぐみを**ほうそう**する。

6 としょかんで**べんきょう**する。

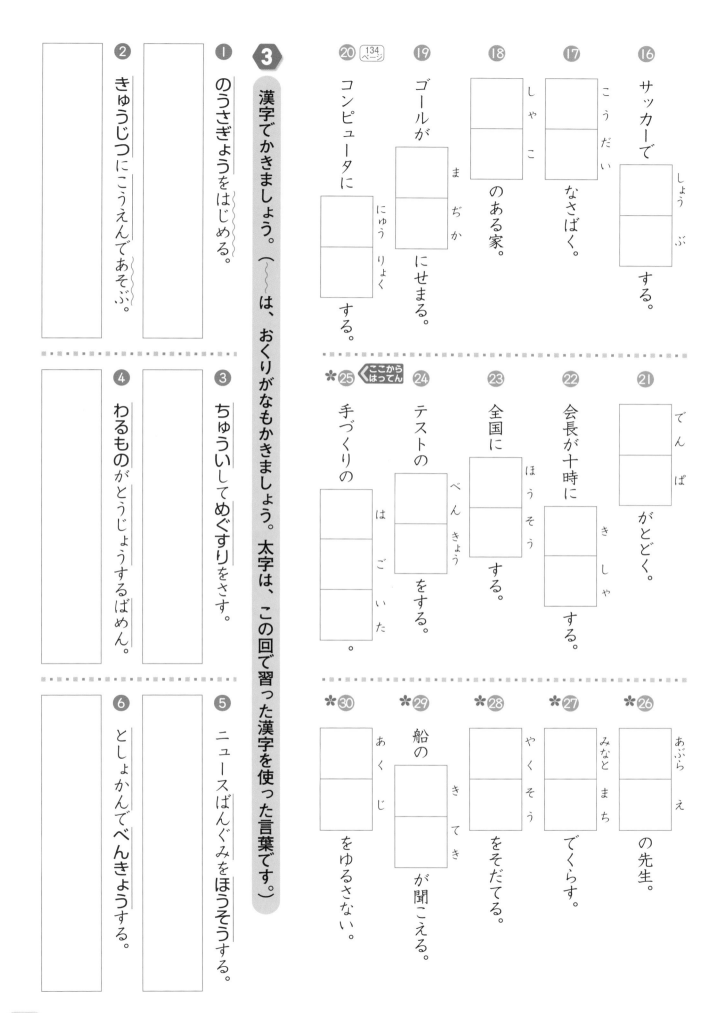

きほんのワーク

ちいちゃんのかげおくり
修飾語《しゅうしょく》を使って書こう／秋のくらし

教科書 下13～35ページ

勉強した日　月　日

ちいちゃんのかげおくり／修飾語を使って書こう／秋のくらし

◆「読み方」の赤い字は教科書で使われている読みです。●はまちがえやすい漢字です。

13ページ

想　こころ

（とめる・とめる・まげる・はねる）

読み方：ソウ・（ソ）／―

使い方：感想《かんそう》・空想《くうそう》・理想《りそう》

13画

17ページ

写　わかんむり

（はねる・長く・はねる）

読み方：シャ／うつす・うつる

使い方：写真《しゃしん》／文を写《うつ》す・写真《しゃしん》に写《うつ》る

5画

17ページ

真　め

（立てる・長く・はらう・とめる）

読み方：シン／ま

使い方：写真《しゃしん》・真実《しんじつ》／真夏《まなつ》・真《ま》っ白

10画

17ページ

列　りっとう

（はらう・とめる・はねる）

読み方：レツ／―

使い方：列車《れっしゃ》・行列《ぎょうれつ》

6画

20ページ

血　ち

（つき出す）

読み方：ケツ／ち

使い方：止血《しけつ》・出血《しゅっけつ》／血《ち》が出る

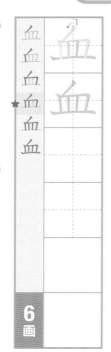

6画

21ページ

暗　ひへん

（立てる・下を長く・細く）

読み方：アン／くらい

使い方：暗記《あんき》・暗号《あんごう》／空が暗《くら》い・真っ暗《くら》

13画

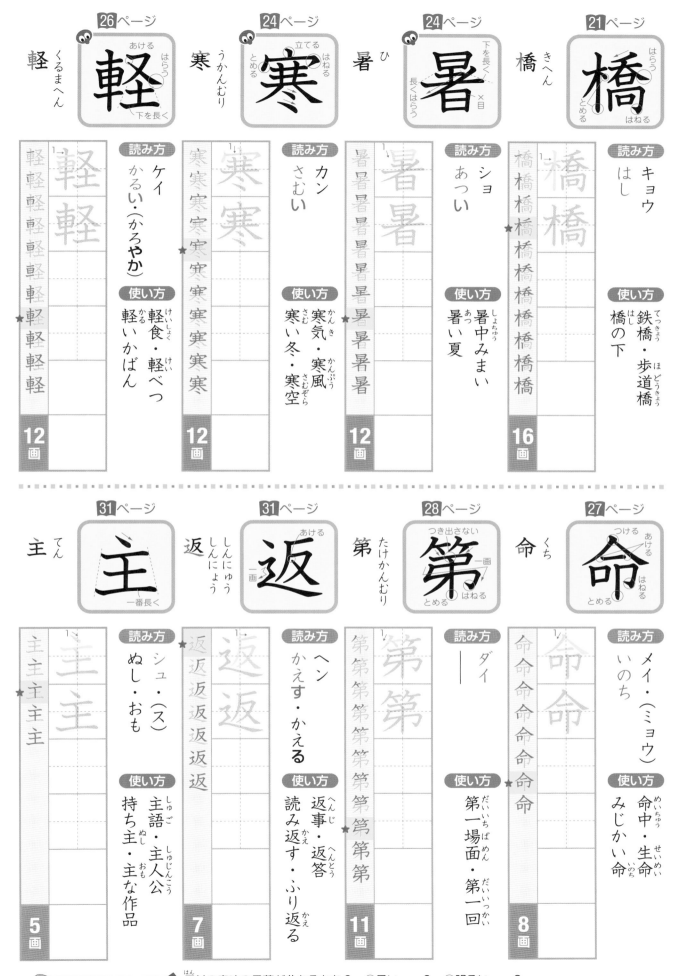

橋

21ページ

橋 きへん

はらう　とめる　はねる

読み方

キョウ

はし

使い方

鉄橋《てっきょう》・歩道橋《ほどうきょう》

橋《はし》の下

16画

暑

24ページ

暑 ひ

下を長く　長くはらう　×目

読み方

ショ

あつい

使い方

暑中《しょちゅう》みまい

暑《あつ》い夏

12画

寒

24ページ

寒 うかんむり

立てる　はねる　とめる

読み方

カン

さむい

使い方

寒気《かんき》・寒風《かんぷう》

寒《さむ》い冬・寒空《さむぞら》

12画

軽

26ページ

軽 くるまへん

あける　はらう　下を長く

読み方

ケイ

かるい・(かろやか)

使い方

軽食《けいしょく》・軽《けい》べつ

軽《かる》いかばん

12画

命

27ページ

命 くち

つける　あける　はねる　とめる

読み方

メイ・(ミョウ)

いのち

使い方

命中《めいちゅう》・生命《せいめい》

みじかい命《いのち》

8画

第

28ページ

第 たけかんむり

つき出さない　一画　はねる　とめる

読み方

ダイ

—

使い方

第一場面《だいいちばめん》・第一回《だいいっかい》

11画

返

31ページ

返 しんにゅう しんにょう

あける　一画

読み方

ヘン

かえす・かえる

使い方

返事《へんじ》・返答《へんとう》

読み返《かえ》す・ふり返《かえ》る

7画

主

31ページ

主 てん

一番長く

読み方

シュ・(ス)

ぬし・おも

使い方

主語《しゅご》・主人公《しゅじんこう》

持ち主《ぬし》・主《おも》な作品

5画

ものしりメモ

反《はん》対の意味の言葉が分かるかな？　①暑い←→？　②明るい←→？

答えは①寒い、②暗い　だよ。

州
33ページ

州 かわ

（書き方：はらう　とめる）

読み方
シュウ
（す）

使い方
九州《きゅうしゅう》・本州《ほんしゅう》

6画

屋
33ページ

屋 しかばね かばね

（書き方：とめる　はらう　下を長く）

読み方
オク
や

使い方
屋外《おくがい》・屋上《おくじょう》
屋根《やね》・小屋《こや》

9画

根
33ページ

根 きへん

（書き方：とめる　はらう）

読み方
コン
ね

使い方
根気《こんき》・大根《だいこん》
屋根《やね》・根《ね》っこ

10画

荷
33ページ

荷 くさかんむり

（書き方：つき出す　はねる）

読み方
（カ）
に

使い方
荷物《にもつ》・荷台《にだい》
荷《に》がおもい

10画

守
33ページ

守 うかんむり

（書き方：立てる　とめる　はねる）

読み方
シュ・ス
まもる・（もり）

使い方
守備《しゅび》・留守番《るすばん》
決まりを守《まも》る・見守《みまも》る

6画

役
33ページ

役 ぎょうにんべん

（書き方：はねる　はらう）

読み方
ヤク・（エキ）
―

使い方
役立《やくだ》つ・役所《やくしょ》・役《やく》わり

7画

読み方が新しい漢字

30ページ	33	33
明《あきらか》	風《フウ》	船《セン》
明《あき》らか	風船《ふうせん》	

34
米《マイ》
新米《しんまい》

とくべつな読み方をする言葉

14	お父さん　おとうさん
14	お兄ちゃん　おにいちゃん
33	明日　あす

ものしりメモ
「荷」は、「艹」(くさ)と「何」(かつぐ)からできた漢字で、「にもつ・かつぐ」という意味を表すよ。「何」の部分の筆順《じゅん》に注意しよう。「ノ 亻 仁 仃 何 何」の順で書くよ。

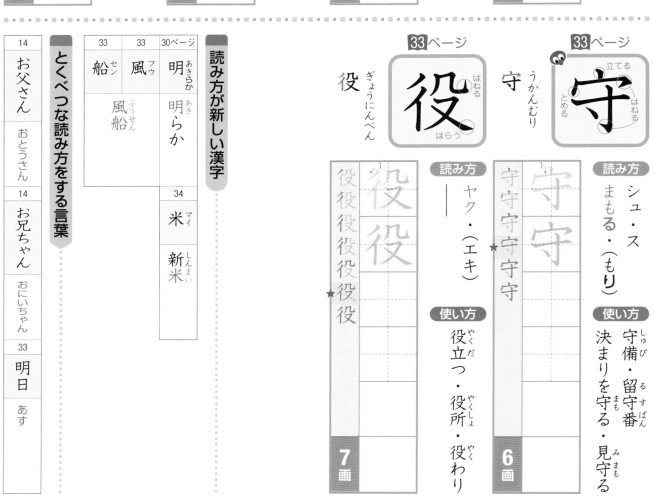

練習のワーク

ちいちゃんのかげおくり
修飾語《しゅうしょく》を使って書こう／秋のくらし

教科書 ㊦13～35ページ
答え 5ページ

勉強した日　月　日

1 新しい漢字を読みましょう。

1 （13ページ） 感想（　）を書く。
2 お父さん（　）がつぶやく。
3 お兄ちゃん（　）にきく。
4 記念《ねん》写真（　）をとる。
5 列車（　）にのる。
6 足から血（　）が出る。
7 空が暗（　）くなる。

8 橋（　）の下に集まる。
9 暑（　）いきせつ。
10 寒（　）い日がつづく。
11 体が軽（　）くなる。
12 小さな女の子の命（　）。
13 第一場面（　）の様子。
14 考えを明（　）らかにする。

15 （31ページ） 文章を読み返（　）す。
16 主語（　）を見つける。
17 明日（　）の予定を立てる。
18 九州（　）の友だち。
19 風船（　）がとぶ。
20 屋根（　）の上。
21 おもい荷物（　）。

㉒ やくそくを守（　）る。

㉓ しょう来に役立（　）つ。

㉔ 34ページ 新米（　）を食べる。

✿㉕ ここからはってん 長文を暗記（　）する。

✿㉖ 歩道橋（　）をわたる。

✿㉗ 生命（　）をすくう。

✿㉘ 元気な返事（　）をする。

✿㉙ 学校の屋上（　）。

✿㉚ 根気（　）のいる仕事。

2 あたらしい漢字を書きましょう。〔　〕は、送りがなも書きましょう。

1 13ページ □□《かんそう》を聞く。

2 お〔　〕《とうさん》とお母さん。

3 やさしいお〔　〕《にいちゃん》。

4 □□《しゃしん》をうつす。

5 □□《れっしゃ》がとう着する。

6 赤い□《ち》がながれる。

7 〔　〕《くらい》トンネルの中。

8 にじの□《はし》がかかる。

9 〔　〕《あつい》夏。

10 〔　〕《さむい》冬。

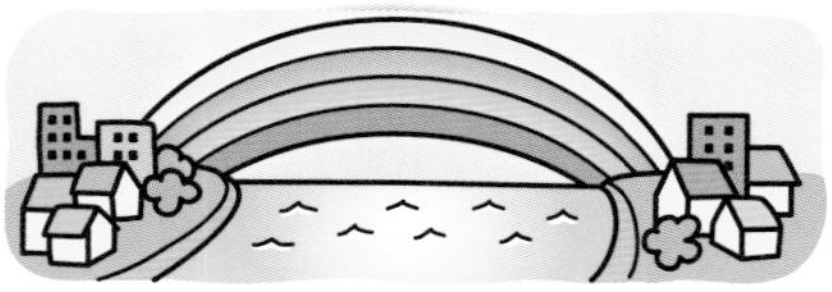

11 〔　〕《かるい》はこ。

12 大切な□《いのち》。

13 □□□□《だいいちばめん》。

14 理由を〔　〕《あきらか》にする。

15 31ページ 本を読み〔　〕《かえす》。

✿の漢字はしん出漢字のべつの読み方です。

⑯ ［　　］《しゅご》と述《じゅつ》語。

⑰ ［　　］《あす》の朝。

⑱ ［　　］《きゅうしゅう》の地図。

⑲ ［　　］《ふうせん》をふくらませる。

⑳ 赤い［　　］《やね》の家。

㉑ ［　　］《にもつ》を運ぶ。

㉒ ルールを［　　］《まもる》。

㉓ くらしに［　　］《やくだつ》。

㉔ 34ページ 今年の［　　］《しんまい》。

＊㉕ ここから はってん 公式を［　　］《あんき》する。

＊㉖ ［　　　］《ほどうきょう》の下。

＊㉗ 地球の［　　］《せいめい》。

＊㉘ 大きな声で［　　］《へんじ》をする。

＊㉙ ［　　］《おくじょう》からながめる。

＊㉚ ［　　］《こんき》よくつづける。

3 漢字で書きましょう。（〰は、送りがなも書きましょう。太字は、この回で習った漢字を使った言葉です。）

1 **れっしゃ**の**しゃしん**をとる。

2 くらいよみちをはしる。

3 **はし**をわたってむこうぎしへいく。

4 かるい**にもつ**をもつ。

5 **やね**のうえにゆきがつもる。

6 あたらしいどうぐが**やくだつ**。

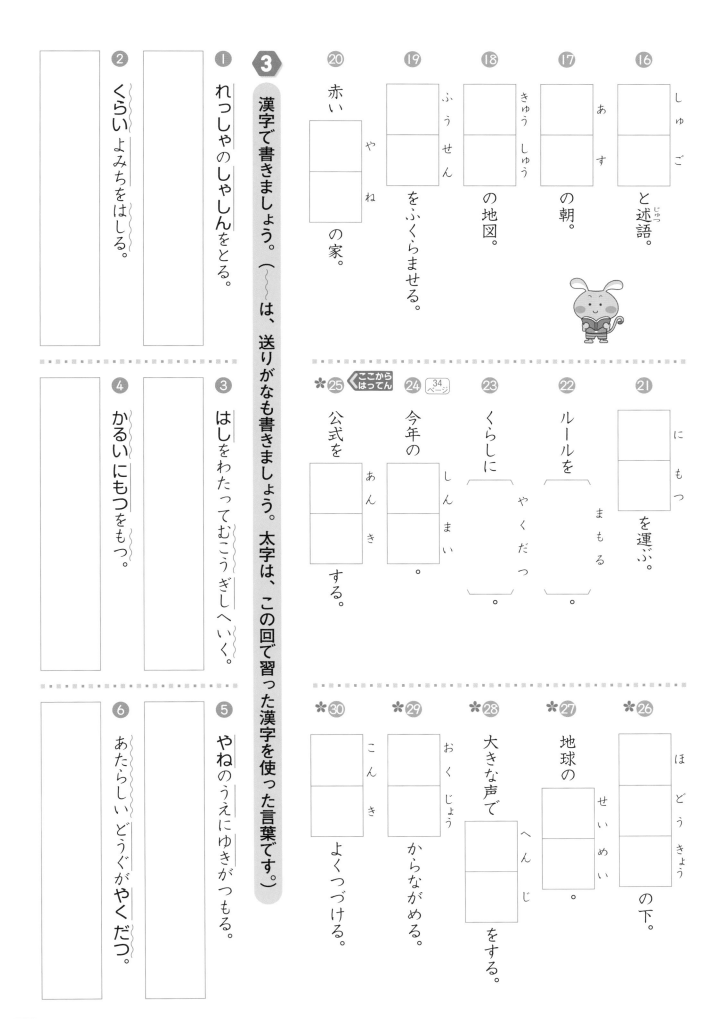

れいの書かれ方に気をつけて読み、それをいかして書こう

きほんのワーク

すがたをかえる大豆
ことわざ・故《こ》事成《せい》語／漢字の意味

教科書 下43～61ページ

勉強した日　月　日

◆「読み方」の赤い字は教科書で使われている読みです。●はまちがえやすい漢字です。

すがたをかえる大豆

豆（43ページ）　豆　まめ　7画
（長く）
- 読み方：トウ・ズ／まめ
- 使い方：豆乳《とうにゅう》・大豆《だいず》／黒豆《くろまめ》・豆《まめ》まき

育（45ページ）　育　にくづき　8画
（立てる・長く・とめる・とめる・はねる）
- 読み方：イク／そだつ・そだてる／はぐくむ
- 使い方：教育《きょういく》・体育館《たいいくかん》／木が育《そだ》つ・ひなを育《はぐく》む

消（45ページ）　消　さんずい　10画
（はねる・とめる）
- 読み方：ショウ／きえる・けす
- 使い方：消化《しょうか》・消火《しょうか》／字が消《き》える・火を消《け》す

取（46ページ）　取　また　8画
（あける・はらう・つき出さない）
- 読み方：シュ／とる
- 使い方：取材《しゅざい》・先取点《せんしゅてん》／取《と》り出す

期（48ページ）●　期　つき　12画
（つき出さない・はらう・とめる・はねる）
- 読み方：キ・（ゴ）／―
- 使い方：時期《じき》・期間《きかん》・定期的《ていきてき》

畑（49ページ）　畑　た　9画
（とめる）
- 読み方：―／はた・はたけ
- 使い方：畑作《はたさく》・田畑《たはた》／畑《はたけ》の肉・花畑《はなばたけ》

筆順《じゅん》 1 2 3 4 5　まちがえやすいところ…★

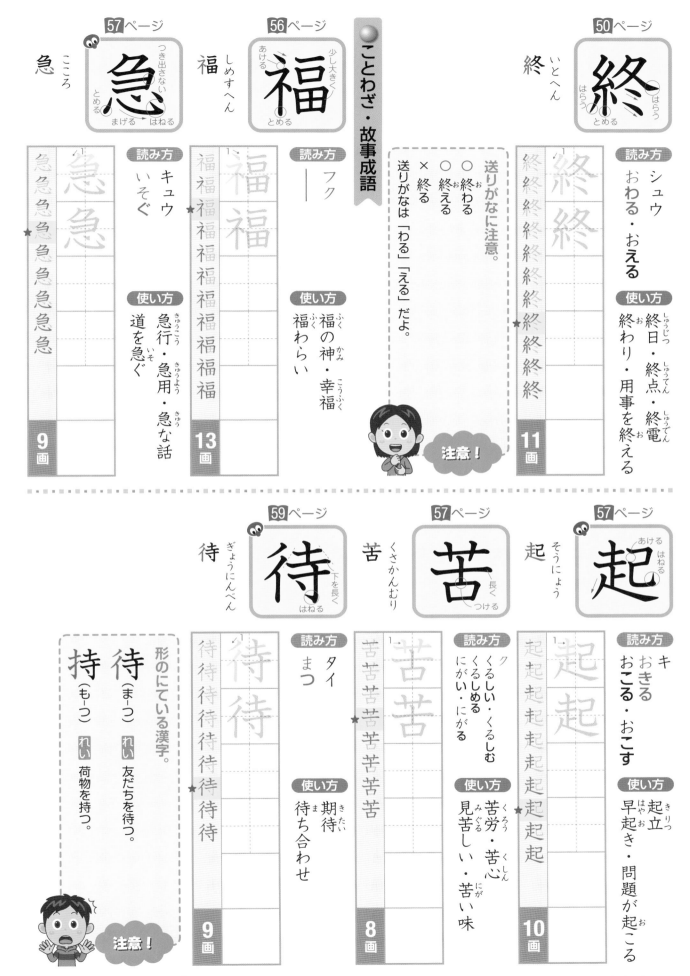

50ページ

終

いとへん 終

はらう・とめる・はらう

読み方

シュウ

おわる・おえる

使い方

終日《しゅうじつ》・終点《しゅうてん》・終電《しゅうでん》

終《お》わり・用事を終《お》える

11画

ことわざ・故事成語

送りがなに注意。

○ 終《お》わる

○ 終《お》える

× 終る

送りがなは「わる」「える」だよ。

注意！

56ページ

福

しめすへん 福

あける・少し大きく・とめる

読み方

フク

—

使い方

福《ふく》の神《かみ》・幸福《こうふく》

福《ふく》わらい

13画

57ページ

急

こころ 急

つき出さない・とめる・まげる・はねる

読み方

キュウ

いそぐ

使い方

急行《きゅうこう》・急用《きゅうよう》・急《きゅう》な話

道を急《いそ》ぐ

9画

57ページ

起

そうにょう 起

あける・はねる

読み方

キ

おきる

おこる・おこす

使い方

起立《きりつ》

早起《はやお》き・問題が起《お》こる

10画

57ページ

苦

くさかんむり 苦

長く・つける

読み方

ク

くるしい・くるしむ

くるしめる

にがい・にがる

使い方

苦労《くろう》・苦心《くしん》

見苦《みぐる》しい・苦《にが》い味

8画

59ページ

待

ぎょうにんべん 待

下を長く・はねる

読み方

タイ

まつ

使い方

期待《きたい》

待《ま》ち合わせ

9画

形のにている漢字。

待（まーつ） れい 友だちを待つ。

持（もーつ） れい 荷物を持つ。

注意！

ものしりメモ

「消化」…食べたものを、体の中に取りこみやすいものにすること。 「消火」…火を消すこと。
読み方は同じでも、漢字がちがうとべつの意味の言葉になるので注意しよう。

59ページ

談 ごんべん

談

はらう

15画

読み方

ダン

使い方

相談《そうだん》・会談《かいだん》・対談《たいだん》

漢字の意味

でき方

漢字のでき方。

「談」は、「言」(言葉)＋「炎」(おだやか)からできているよ。

「おだやかな気持ちで語り合う」という意味を表すよ。

60ページ

鼻 はな

鼻

長く　はらう　とめる

14画

読み方

(ビ)

はな

使い方

鼻《はな》が高い・鼻歌《はなうた》・鼻血《はなぢ》

60ページ

歯 は

歯

わすれない　長く　おれる　とめる

12画

読み方

シ

は

使い方

歯科《しか》

きれいな歯《は》・歯《は》ブラシ

61ページ

央 だい

央

つき出す　つき出す　はらう

5画

読み方

オウ

使い方

中央《ちゅうおう》

61ページ

階 こざとへん

階

はねる　はねる

12画

読み方

カイ

使い方

二階《にかい》・階下《かいか》・上の階《かい》

注意！

漢字の形に注意。

階

「階」の「比」の部分に注意！

左がわの「ヒ」は、右がわの「ヒ」のようになめらかにまがらないよ。形のちがいに気をつけよう。

61ページ

委 おんな

委

とめる　はらう　少し出す　長く　とめる

8画

読み方

イ

ゆだねる

使い方

委員会《いいんかい》・委員長《いいんちょう》

はんだんを委《ゆだ》ねる

級

61ページ

級　いとへん

一画　はらう　とめる　はらう

読み方
キュウ

使い方
学級《がっきゅう》・上級生《じょうきゅうせい》・同級生《どうきゅうせい》

9画

「級」の筆順《じゅん》。
「級」の「及」の部分は、「乃及及」と書くよ。
「乃」の部分は一画《かく》で書くよ。

昭

61ページ

昭　ひへん

つき出さない　はねる　細く

読み方
ショウ

使い方
昭和《しょうわ》

9画

和

61ページ

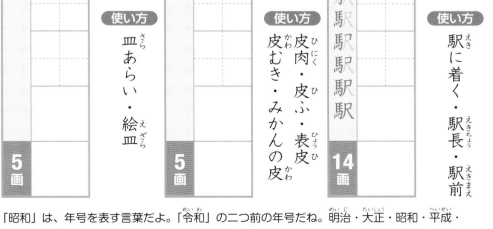

和　くち

とめる

読み方
ワ・(オ)
(やわら**ぐ**)(やわら**げる**)
(なご**む**)(なご**やか**)

使い方
昭和《しょうわ》・和紙《わし》・平和《へいわ》

8画

駅

61ページ

駅　うまへん

はじめに書く　点のむき　はらう　はねる

読み方
エキ

使い方
駅《えき》に着く・駅長《えきちょう》・駅前《えきまえ》

14画

皮

61ページ

皮　けがわ

あける　はねる　はらう

読み方
ヒ
かわ

使い方
皮肉《ひにく》・皮《ひ》ふ・表皮《ひょうひ》
皮《かわ》むき・みかんの皮《かわ》

5画

皿

61ページ

皿　さら

つき出す

読み方
さら

使い方
皿《さら》あらい・絵皿《えざら》

5画

読み方が新しい漢字

58ページ	多《タ》
	多少《たしょう》
61	交《まぜる》
	交《ま》ぜる
61	教《おそわる》
	教《おそ》わる

とくべつな読み方をする言葉

61	部屋
	へや
61	今朝
	けさ

ものしりメモ　「昭和」は、年号を表す言葉だよ。「令和《れいわ》」の二つ前の年号だね。明治《めいじ》・大正《たいしょう》・昭和・平成《へいせい》・令和とつづいているよ。

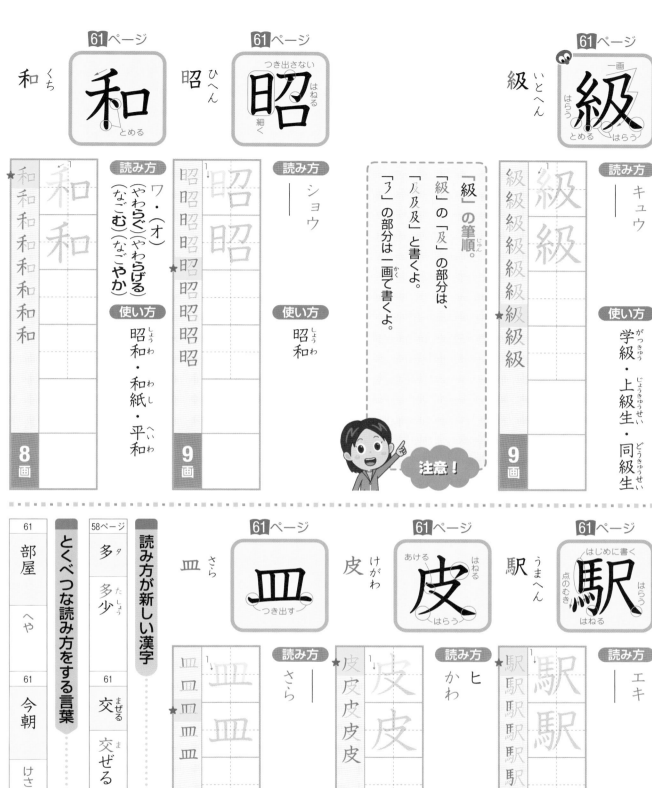

れいの書かれ方に気をつけて読み、それをいかして書こう

練習のワーク

すがたをかえる大豆
ことわざ・故《こ》事成《せい》語／漢字の意味

教科書 ㊦43～61ページ　答え 5ページ

勉強した日　月　日

1 新しい漢字を読みましょう。

①（43ページ）大豆（　　）を使った食品。

② 十分に育（　　）つ。

③ 消化（　　）がよい。

④ えいようを取（　　）り出す。

⑤ とり入れる時期（　　）。

⑥ 畑（　　）の肉といわれる大豆。

⑦ 文章の終（　　）わり。

⑧（56ページ）わらう門《かど》には福（　　）来たる。

⑨ 善《ぜん》は急（　　）げ。

⑩ 早起（　　）きは三文《もん》の徳《とく》。

⑪ わかいときに苦労《ろう》（　　）する。

⑫ 多少（　　）のちがい。

⑬ 友だちと待（　　）ち合わせをする。

⑭ みんなと相談（　　）する。

⑮（60ページ）人形の鼻（　　）。

⑯ きれいな歯（　　）。

⑰ 漢字とかなを交（　　）ぜて書く。

⑱ 中央（　　）に集まる。

⑲ 二階（　　）から音が聞こえる。

⑳ 部屋（　　）に入る。

㉑ 今朝（　　）は寒い。

22 委員会（　　）の仕事。

23 学級新聞（　　）の記者。

24 昭和（　　）のはじめ。

25 駅（　　）の様子。

26 仕組みを教（　　）わる。

27 じゃがいもの皮（　　）むき。

28 皿（　　）あらいをする。

✿29 ここから はってん 豆（　　）まきをする。

✿30 体育館（　　）で体を動かす。

✿31 親鳥がひなを育（　　）む。

✿32 ろうそくの火を消（　　）す。

✿33 畑作（　　）を行う。

✿34 苦（　　）い思い出。

✿35 仕事を委（　　）ねる。

✿36 皮肉（　　）なけっかとなる。

2 新しい漢字を書きましょう。（　）は、送りがなも書きましょう。

1 43ページ ［　　］《だいず》を食べる。

2 子どもが（　　）《そだつ》。

3 食べ物を［　　］《しょうか》する。

4 本を（　　）《とり》出す。

5 入学の［　　］《じき》。

6 ［　］《はたけ》をたがやす。

7 秋の（　　）《おわり》。

8 56ページ ［　］《ふく》は内、おには外。

9 帰り道を（　　）《いそぐ》。

✿の漢字は新出漢字のべつの読み方です。

⑩ 〔　〕《はやおき》して出かける。

⑪ □《く》労《ろう》がみのる。

⑫ □□《たしょう》おくれる。

⑬ 〔　〕《まち》合わせの時間。

⑭ なやみを□□《そうだん》する。

⑮ 60ページ □《はな》から空気をすう。

⑯ □《は》をきれいにみがく。

⑰ チームに大人を〔　〕《まぜる》。

⑱ 市の□□《ちゅうおう》にある公園。

⑲ □□《にかい》に上がる。

⑳ □□《へや》をきれいにする。

㉑ □□《けさ》の天気。

㉒ □□□《いいんかい》で決定する。

㉓ □□□□《がっきゅうしんぶん》。

㉔ □□《しょうわ》生まれの人。

㉕ □《えき》へ向かう。

㉖ 先生に〔　〕《おそわる》。

㉗ りんごの□《かわ》むき。

㉘ □《さら》あらいをてつだう。

＊㉙ ここからはってん

□□□《たいいくかん》に集まる。

＊㉚ テレビを□《け》す。

＊㉛ □《にが》い薬をのむ。

＊㉜ 相手にはんだんを□《ゆだ》ねる。

＊㉝ □□《ひにく》を言う。

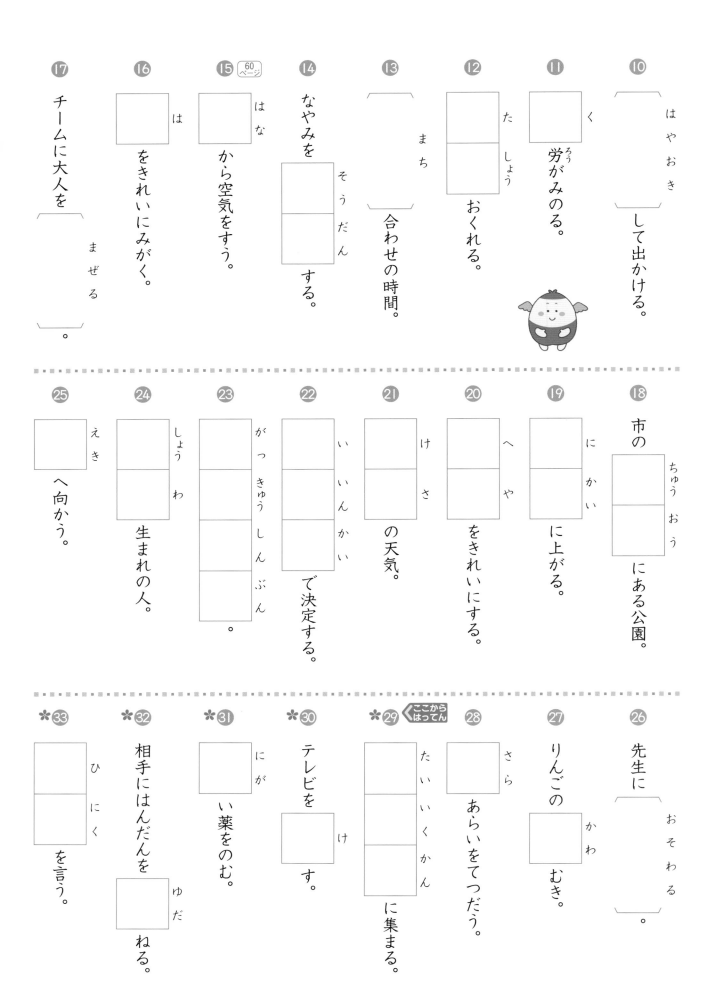

登場人物の行動や気持ちをとらえて、えらんだ民話《みん》をしょうかいしよう

きほんのワーク 短歌を楽しもう／漢字の広場④ 三年とうげ／わたしの町のよいところ

教科書 下62～85ページ

勉強した日　月　日

◆「読み方」の赤い字は教科書で使われている読みです。●はまちがえやすい漢字です。

短歌を楽しもう

62ページ

短（やへん）　12画

つき出さない　とめる

読み方：タン　みじか**い**

使い方：短歌《たんか》・短時間《たんじかん》　短《みじか》い文章

三年とうげ／わたしの町のよいところ

66ページ

息（こころ）　10画

とめる　まげる　はねる

読み方：ソク　いき

使い方：安息《あんそく》・消息《しょうそく》・生息地《せいそくち》　ため息《いき》・鼻息《はないき》

送りがなに注意。
○ 短《みじか》い
× 短かい
× 短じかい
送りがなは「い」だよ。

注意！

66ページ

美（ひつじ）　9画

長く　はらう

読み方：ビ　うつくしい

使い方：美化《びか》・美声《びせい》・美味《びみ》　美《うつく》しい花

68ページ

転（くるまへん）　11画

とめる

読み方：テン　ころ**がる**・ころ**げる**　ころ**がす**・ころぶ

使い方：転校《てんこう》・回転《かいてん》・自転車《じてんしゃ》　転《ころ》げ落ちる・山道で転《ころ》ぶ

「転」を使ったことわざ。
転ばぬ先のつえ…転ぶ前につえを用意しておくということから、「しっぱいしないようにきちんと用意をしておく」という意味を表すよ。

おぼえよう！

筆順《じゅん》 1　2　3　4　5　まちがえやすいところ…★

70ページ

病

やまいだれ

病（立てる・とめる・はらう・はねる）

読み方

ビョウ・(ヘイ)
(やむ)・やまい

使い方

病気《びょうき》・病室《びょうしつ》・重病《じゅうびょう》
病《やまい》にかかる

10画

70ページ

医

かくしがまえ

医（つき出さない・おれる・はらう）

読み方

イ
―

使い方

医者《いしゃ》・医学《いがく》

7画

注意！

「医」の筆順《じゅん》。
「医」は、
「医医医医医医医」と書くよ。
二画《かく》目に気をつけてね。

70ページ

飲

しょくへん

飲（立てる・とめる・はねる・はらう）

読み方

イン
のむ

使い方

飲食《いんしょく》・飲料水《いんりょうすい》
薬を飲《の》む

12画

70ページ

重

さと

重（一番長く）

読み方

ジュウ・チョウ
え・おもい
かさねる・かさなる

使い方

体重《たいじゅう》・貴重《きちょう》・三重県《みえけん》
足が重《おも》い・手を重《かさ》ねる

9画

おぼえよう！

反対《はん》の意味の言葉。
重《おも》い⟷軽《かる》い
短《みじか》い⟷長《なが》い
いっしょにおぼえよう。

70ページ

配

ひよみのとり
とりへん

配（あける・はねる・わすれない）

読み方

ハイ
くばる

使い方

心配《しんぱい》・気配《けはい》
プリントを配《くば》る

10画

漢字の意味

「配」には、いろいろな意味があるよ。
①くばる。わりあてる。 れい 配達《たつ》・分配
②ならべる。組み合わせる。 れい 配色・配列
③したがえる。 れい 配下・支《し》配

73ページ

度 まだれ

度

立てる / はらう

読み方

ド・(ト)(タク)
(たび)

使い方

一度《いちど》・今度《こんど》

9画

にた部分をもつ漢字。

广（まだれ） れい 度・店
疒（やまいだれ） れい 病
厂（がんだれ） れい 原
尸（しかばね・かばね） れい 屋・局

76ページ

幸 かん いちじゅう

幸

一番長く

読み方

コウ
さいわい・(さち)
しあわせ

使い方

幸福《こうふく》
幸《さいわ》いぶじだ・幸《しあわ》せな人

8画

送りがなに注意。

○ 幸《さいわ》い（× 幸わい）
○ 幸《しあわ》せ（× 幸わせ）

どちらも送りがなは一字だよ。

82ページ

流 さんずい

流

立てる / とめる / はらう / とめる / はねる

読み方

リュウ・(ル)
ながれる・ながす

使い方

交流《こうりゅう》・流行《りゅうこう》・流通《りゅうつう》
川が流《なが》れる・水を流《なが》す

10画

82ページ

族 かたへん

族

立てる / つき出さない / はねる / はらう

読み方

ゾク
—

使い方

水族館《すいぞくかん》・一族《いちぞく》・家族《かぞく》

11画

形のにている漢字。

族（ゾク） れい 家族で写真をとる。
旅（リョ） れい 旅行に出かける。

読み方が新しい漢字

84ページ
高《コウ》
高校生《こうこうせい》

とくべつな読み方をする言葉

70
真っ青
まっさお

ものしりメモ 「顔が真っ青になる」のはどんなときかな？　具合が悪いときや、とても悲しいとき、おそろしいときだね。顔の血の気が引いて顔色が悪くなる様子を表しているよ。

登場人物の行動や気持ちをとらえて、えらんだ民《みん》話をしょうかいしよう

練習のワーク

短歌を楽しもう／漢字の広場④／三年とうげ／わたしの町のよいところ

教科書 下62～85ページ

答え 5ページ

勉強した日　月　日

1 新しい漢字を読みましょう。

① 62ページ 短歌を習う。

② 65ページ ため息が出る。

③ 山が美しく色づく。

④ とうげで転ぶ。

⑤ 真っ青な顔。

⑥ 病気になる。

⑦ 医者をよぶ。

⑧ 薬を飲む。

⑨ 重い病気。

⑩ みんなが心配する。

⑪ もう一度転ぶ。

⑫ 幸せにくらす。

⑬ 81ページ いろいろな人と交流する。

⑭ 小さな水族館。

⑮ 高校生がりようする。

✿⑯ ここからはってん 短い話。

✿⑰ 消息を知る。

✿⑱ 美声がひびきわたる。

✿⑲ 自転車をこぐ。

✿⑳ 病とたたかう。

✿㉑ 飲食できる場所。

✿の漢字は新出漢字のべつの読み方です。

*㉒ （体重）がふえる。

*㉓ （貴《き》重）な時間。

*㉔ 皿を（重）ねる。

*㉕ 新聞を（配）る。

*㉖ （幸福）をかみしめる。

*㉗ （幸）いけがはない。

*㉘ 落ち葉が川に（流）れる。

2 新しい漢字を書きましょう。〔　〕は、送りがなも書きましょう。

❶ 62ページ □□《たんか》を作る。

❷ 65ページ 大きなため□《いき》をつく。

❸ 〔　　〕《うつくしい》けしき。

❹ スキーで〔　　〕《ころぶ》。

❺ 顔が〔　　〕《まっさお》になる。

❻ □□《びょうき》がなおる。

❼ □□《いしゃ》に相談する。

❽ お茶を〔　　〕《のむ》。

❾ 〔　　〕《おもい》荷物。

❿ □□《しんぱい》な出来事。

⓫ □□《いちど》で分かる。

⓬ 〔　　〕《しあわせ》な生活。

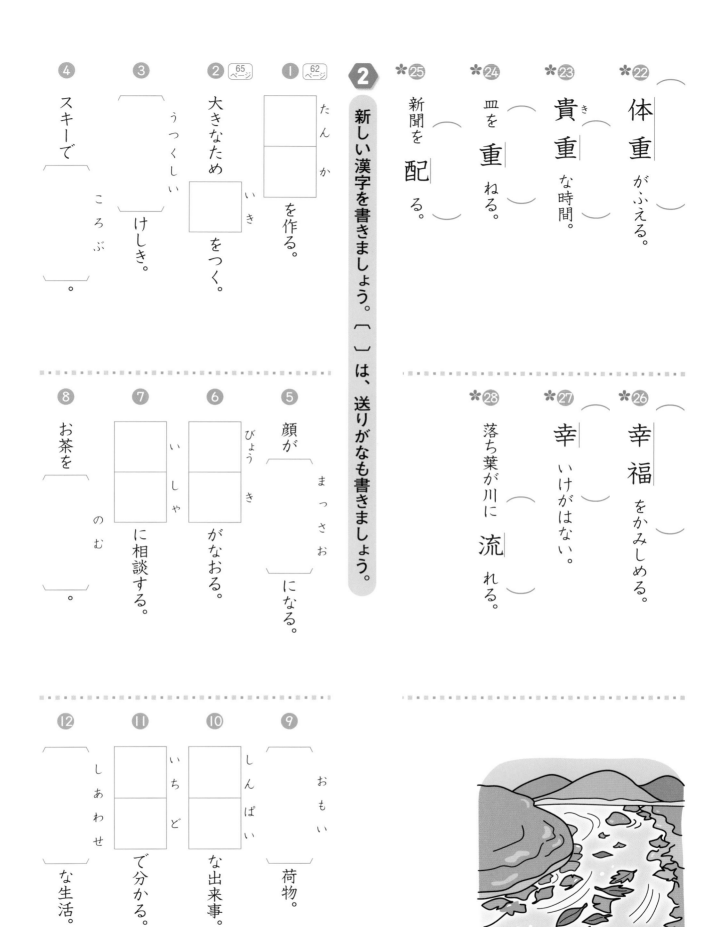

⑬ 81ページ 外国人と□□《こうりゅう》する。

⑭ □□□《すいぞくかん》に行く。

⑮ □□□《こうこうせい》の姉。

ここからはってん

*⑯ 期間が□《みじか》い。

*⑰ □□《しょうそく》をたずねる。

*⑱ □□《びせい》の持ち主。

*⑲ □□□《じてんしゃ》にのる。

*⑳ □《やまい》をなおす。

*㉑ □□《いんしょく》を楽しむ。

*㉒ □□《たいじゅう》がへる。

*㉓ 貴《き》□《ちょう》なけいけん。

*㉔ じゅんびを□《かさ》ねる。

*㉕ おかしを□《くば》る。

*㉖ □□《こうふく》な時間。

*㉗ げんきなのは□《さいわ》いだ。

*㉘ 音楽が□《なが》れる。

3 漢字で書きましょう。（〰〰は、おくりがなも書きましょう。太字は、このかいで習った漢字を使った言葉です。）

❶ なんかいも**たんか**をあじわう。

❷ **うつくしい**けしきにため**いき**がでる。

❸ きゅうなさかみちで**ころぶ**。

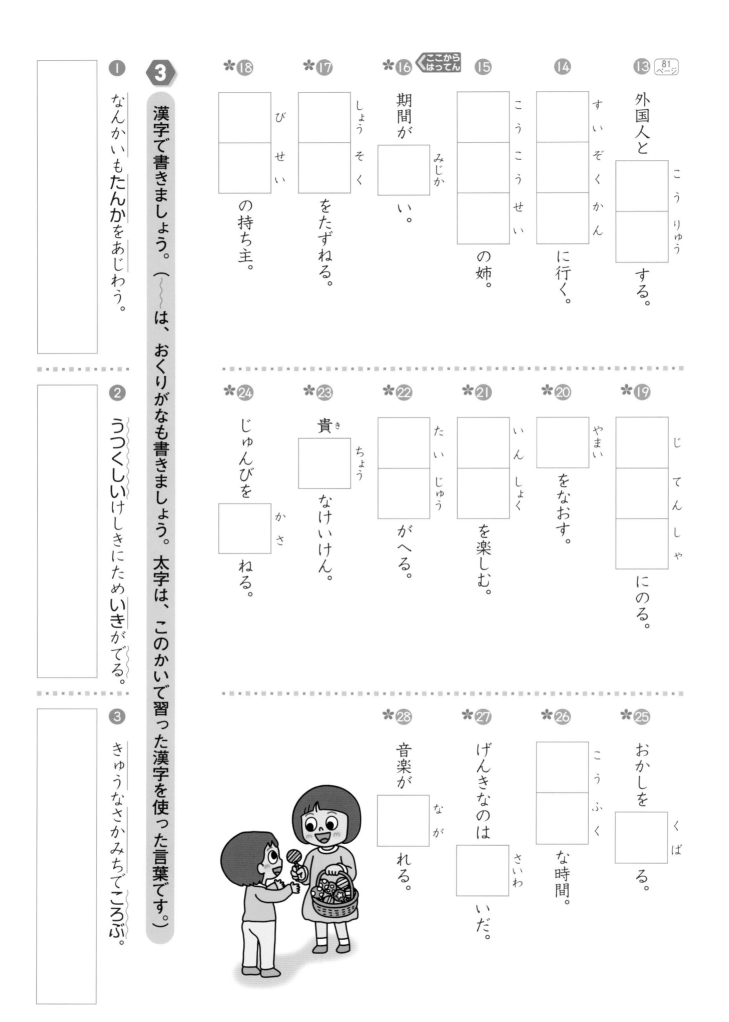

④ びょうきのしんぱいがなくなる。

⑤ おもいかぐをうごかす。

⑥ さぎょうがいちどでおわる。

⑦ しあわせなまいにちをおくる。

⑧ こうこうせいとこうりゅうする。

⑨ すいぞくかんのなかをあるく。

4 漢字の広場

二年せいで習った漢字を書きましょう。〔　〕は、おくりがなも書きましょう。

① □《きた》の□□□《てんもんだい》。

② □《いえ》で遊ぶ。

③ □□《かっき》のある町。

④ □□《いちば》で魚を買う。

⑤ □□□《じどうしゃ》からおりる。

⑥ □□《きんじょ》の犬。

⑦ 〔　　〕《あたらしい》たてもの。

⑧ □《ひがし》にある□□《こうえん》。

⑨ 〔　　〕《ふるい》□《てら》。

⑩ □《にし》にある□□《ひろば》。

⑪ □□《こうばん》でみちをたずねる。

⑫ 校庭《てい》を〔　　〕《はしる》。

⑬ しあいの□□《てんすう》。

⑭ □《みなみ》にある駅。

⑮ □□《せんろ》がつづく。

冬休みまとめのテスト①

教科書 上118～下85ページ　答え 6ページ

時間 20分

とく点　　/100点

勉強した日　　月　　日

1 ―線の漢字の読み方を書きましょう。 一つ2（28点）

① クラス全員の係を決める。（　　）（　　）

② 雲海が間近に広がる。（　　）（　　）

③ 広大な土地が新雪でおおわれる。（　　）（　　）

④ きけんを感知して注意する。（　　）（　　）

⑤ 文字の入力のしかたを勉強する。（　　）（　　）

⑥ お父さんと写真をとる。（　　さん）（　　）

⑦ 大切な命を守る。（　　）（　　）

2 □は漢字を、〔　〕は漢字と送りがなを書きましょう。 一つ2（28点）

① □□《りょうて》を出す。

② 夏の〔　　〕《まつり》。

③ □□□《のうさぎょう》。

④ □□《てっぱん》でやく。

⑤ □□《くさぶえ》の音。

⑥ バスの□□《しゃこ》。

⑦ □□《でんぱ》が強い。

⑧ □□《れっしゃ》が通る。

⑨ □《ち》が出る。

⑩ □□《だいいち》場面。

⑪ 文の□□《しゅご》。

⑫ □□《きゅうしゅう》へ行く。

⑬ 赤い□□《ふうせん》。

⑭ 青い□□《やね》。

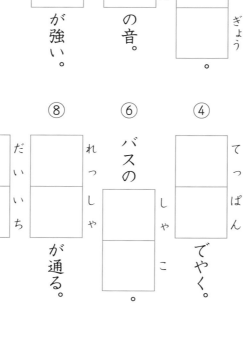

3

――線の言葉を、漢字と送りがなで書きましょう。　一つ2（10点）

① 水がながれる。□

② うつくしい星空を守る。□

③ 本心をあきらかにする。□

④ 図書館に本をかえす。□

⑤ 漢字とかなをまぜる。□

4

次の漢字の――線の読み方を書きましょう。　一つ2（14点）

① 負
1 大会の一回戦《せん》で負ける。（　）
2 自分でせきにんを負う。（　）

② 育
1 犬を育てる。（　）
2 ひなを育む。（　）

③ 幸
1 まわりの人を幸せにする。（　）
2 幸いけが人はいない。（　）
3 幸福な人生を送る。（　）

5

次の漢字の部分には、それぞれ同じ部分がつきます。□にその部分を書きましょう。　一つ2（8点）

① 相　亜　自　□

② 楽　何　早　□

③ 主　艮　反　□

④ 肖　由　巻　□

6

同じ読み方で意味のちがう漢字を、□に書きましょう。　一つ2（12点）

① かわ
1 みかんの□をむく。
2 ながれの速い□。

② はな
1 赤い□がさく。
2 音を立てて□をかむ。

③ もの
1 学校の人気□。
2 □音がする。

冬休み まとめのテスト②

教科書 ㊤118～㊦85ページ　答え 6ページ

時間 20分

とく点　　/100点

勉強した日　　月　　日

1 ―線の漢字の読み方を書きましょう。　一つ2（28点）

① 大豆（　）が大きく育（　）つ。

② 畑（　）のしゅうかく時期（　）をむかえる。

③ 多少（　）のことなら苦労《ろう》（　）してもやりとげる。

④ 待（　）ち合わせの場所を相談（　）する。

⑤ 部屋（　）で勉強を教（　）わる。

⑥ 転（　）んで真っ青（　）なあざができる。

⑦ 医者（　）からもらった薬を飲（　）む。

2 □に漢字を書きましょう。　一つ2（28点）

① □《ふく》わらい。

② □《は》をみがく。

③ 町の□□《ちゅうおう》。

④ 家の□□《にかい》。

⑤ □□□《いいんかい》。

⑥ □□《しょうわ》の歌。

⑦ □《えき》に着く。

⑧ □《さら》あらいがすむ。

⑨ ため□《いき》をつく。

⑩ □□《びょうき》をなおす。

⑪ □□《しんぱい》する。

⑫ もう□□《いちど》。

⑬ □□《こうりゅう》を深める。

⑭ □□□《すいぞくかん》。

3 ――線の言葉を、漢字と送りがなで書きましょう。 一つ2(10点)

① 朝六時におきる。

② 道をいそぐ。

③ 魚を池にはなつ。

④ おゆをそそぐ。

⑤ 決定をゆだねる。

4 ――線の同じ読み方をする言葉を、漢字で書きましょう。 一つ3(12点)

①
1 山かじをしょうかする。
2 食べた物をしょうかする。

②
1 用事をすませてきしゃする。
2 きしゃにのる。

5 次の言葉と反対《はん》の意味の言葉を、□に漢字で書きましょう。 一つ2(12点)

① 長い ↔ □い

② 負ける ↔ □つ

③ 明るい ↔ □い

④ 始まる ↔ □わる

⑤ 暑い ↔ □い

⑥ 軽い ↔ □い

6 次の部分と組み合わせることのできる部分を□からえらんで漢字を作り、□に書きましょう。 一つ2(8点)

① 耳

② 喬

③ 貝

④ 殳

彳 木 又 口

7 次の漢字の筆順《じゅん》で、正しいほうに○をつけましょう。 一つ1(2点)

① 級
ア（ ）糸 糸 級 級
イ（ ）糸 糸 級 級

② 医
ア（ ）一 匚 匸 匹 医 医 医
イ（ ）一 ア エ 三 矢 矢 医

きほんのワーク

カンジーはかせの音訓《おんくん》かるた
漢字の広場⑤

教科書 下94～96ページ

勉強した日　月　日

◆「読み方」の赤い字は教科書で使われている読みです。（●）はまちがえやすい漢字です。

帳
94ページ

帳　はばへん

はねる　長く　とめる　はらう

11画

読み方
チョウ
―

使い方
日記帳《にっきちょう》・手帳《てちょう》

代
94ページ

代　にんべん

わすれない　はねる

5画

読み方
ダイ・タイ
か**わる**・か**える**
よ・（しろ）

使い方
代表《だいひょう》・時代《じだい》・交代《こうたい》
係を代《か》わる・千代紙《ちよがみ》

送りがなに注意。
○ 代《か》わる
○ 代《か》える
× 代る
送りがなは「わる」「える」だよ。

曲
94ページ

曲　ひらび

つき出す

6画

読み方
キョク
まがる・ま**げる**

使い方
曲線《きょくせん》・作曲《さっきょく》
右に曲《ま》がる

投
94ページ

投　てへん

はねる　はねる　はらう

7画

読み方
トウ
な**げる**

使い方
投手《とうしゅ》・投書《とうしょ》
球を投《な》げる

炭
94ページ

炭　ひ

ひらたく　はらう

9画

読み方
タン
すみ

使い方
石炭《せきたん》・木炭《もくたん》
炭火《すみび》・炭《すみ》やき

筆順《じゅん》 1― 2― 3― 4― 5―　まちがえやすいところ…★

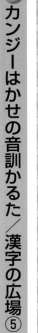

94ページ

羊 ひつじ

羊

つき出さない
一番長く

読み方

ヨウ
ひつじ

使い方

羊毛《ようもう》
羊《ひつじ》を育てる

6画

羊羊羊羊羊羊

同じ読み方の漢字。

羊　洋　様（ヨウ）

形もにているので気をつけてね。

注意！

94ページ

宿 うかんむり

宿

立てる
はねる
とめる

読み方

シュク
やど
やど**る**・やど**す**

使い方

宿題《しゅくだい》・合宿《がっしゅく》
宿《やど》に着く・雨宿《あまやど》り

11画

宿宿宿宿宿宿宿宿宿宿宿

漢字のでき方。

宿

宀…「家」を表す。
亻…「人」を表す。
百…「しき物」を表す。

「とまる・やど」などの意味を表すよ。

でき方

94ページ

丁 いち

丁

長く
はねる

読み方

チョウ・（テイ）
―

使い方

一丁《いっちょう》・五丁目《ごちょうめ》

2画

丁丁

物の数え方。

とうふ→丁　自転車→台
かがみ→面　くつ→足
鳥→羽《わ》　えい画→本
ぞう→頭　手紙→通

おぼえよう！

94ページ

宮 うかんむり

宮

立てる
はねる
とめる
下を大きく

読み方

キュウ（グウ）（ク）
みや

使い方

王宮《おうきゅう》・宮《きゅう》でん
宮大工《みやだいく》・お宮《みや》まいり

10画

宮宮宮宮宮宮宮宮宮宮

漢字のでき方。

「宮」は、「宀」（家）＋「呂」（たてものがならんだ様子）からできているよ。「りっぱなたてもの」という意味を表すよ。

でき方

ものしりメモ

「曲」には、①まがる・まげる、②音楽のメロディー、③かわっていておもしろい、という意味があるよ。　（れい）①曲線　②作曲・名曲　③曲げい

院

94ページ

院 こざとへん

院

立てる　はねる　はねる　下を長く　はらう　はねる

読み方

イン

—

使い方

寺院《じいん》・病院《びょういん》

院院院院院院院院院院

10画

礼

95ページ

礼 しめすへん

礼

あける　はねる　とめる

読み方

レイ・（ライ）

—

使い方

お礼《れい》・朝礼《ちょうれい》

礼礼礼礼礼

5画

等

95ページ

等 たけかんむり

等

わすれない　下を長く　はねる

読み方

トウ

ひと**しい**

使い方

上等《じょうとう》・等分《とうぶん》・平等《びょうどう》

大きさが等《ひと》しい

等等等等等等等等等等等等

12画

反

95ページ

反 また

反

はらう

読み方

ハン（ホン）（タン）

そ**る**・そ**らす**

使い方

反対《はんたい》・反発《はんぱつ》

反《そ》りが合う・体を反《そ》らす

反反反反

4画

君

95ページ

君 くち

君

つき出さない　つき出す　はらう

読み方

クン

きみ

使い方

君主《くんしゅ》・山田君《やまだくん》

君《きみ》とぼく・君《きみ》たち

君君君君君君君

7画

漢字の形に注意。

○ 君　横の線を右につき出すように。

× 君　たての線を上につき出さないように。

注意！

乗

95ページ

乗 のはらいぼう

乗

一番長く　はらう　とめる

読み方

ジョウ

の**る**・の**せる**

使い方

乗客《じょうきゃく》・乗車《じょうしゃ》

列車に乗《の》る

乗乗乗乗乗乗乗乗乗

9画

読み方が新しい漢字

94ページ	94	94	94	94	96
千《ち》	手《シュ》	昼《チュウ》	工《ク》	寺《ジ》	池《チ》
千代紙《ちよがみ》	投手《とうしゅ》	昼食《ちゅうしょく》	宮大工《みやだいく》	寺院《じいん》	かん電池《でんち》

ものしりメモ　「院」のへんは、「阝」(こざとへん)だよ。もり上げた土や高くなった場所を表す漢字につくことが多いんだ。また、「阝」が漢字の右がわにくると、「阝」(おおざと)になるよ。

練習のワーク

カンジーはかせの音訓《おんくん》かるた
漢字の広場⑤

教科書 下94～96ページ
答え 7ページ

勉強した日　月　日

1 新しい漢字を読みましょう。

1 （94ページ） 日記帳（　）を買う。
2 千代紙（　）でつるをおる。
3 曲（　）がる球をうつ。
4 ボールを投（　）げる。
5 投手（　）になる。
6 石炭（　）がもえる。
7 羊毛（　）のセーター。

8 宿（　）を見つける。
9 昼食（　）をとる。
10 とうふを一丁（　）食べる。
11 宮大工（　）がしゅうりする。
12 大きな寺院（　）。
13 お礼（　）の言葉。
14 上等（　）のケーキ。

15 反対（　）の立場に立つ。
16 君（　）とぼくが話す。
17 バスに乗（　）る。
18 （96ページ） かん電池（　）を入れる。
✿19 ここからはってん きょうりゅうがいた時代（　）。
✿20 投手を交代（　）する。
✿21 当番を代（　）わる。

✿の漢字は新出漢字のべつの読み方です。

✲22 曲線（　）をえがく。

✲23 炭火（　）で魚をやく。

✲24 羊（　）を数える。

✲25 宿題（　）が出る。

✲26 王宮（　）に住む。

✲27 数が等（　）しい。

✲28 体を後ろに反（　）らす。

✲29 有名な君主（　）。

✲30 乗客（　）にあいさつする。

2 新しい漢字を書きましょう。〔　〕は、送りがなも書きましょう。

1 94ページ □□□《にっきちょう》に書く。

2 きれいな□□□《ちよがみ》。

3 左に〔　〕《まがる》。

4 速い球を〔　〕《なげる》。

5 ソフトボールの□□《とうしゅ》。

6 □□《せきたん》をもやす。

7 □□《ようもう》のふとん。

8 □《やど》にとまる。

9 □□《ちゅうしょく》を作る。

10 とうふを□□《いっちょう》買う。

11 □□□《みやだいく》の仕事。

12 □□《じいん》をたてる。

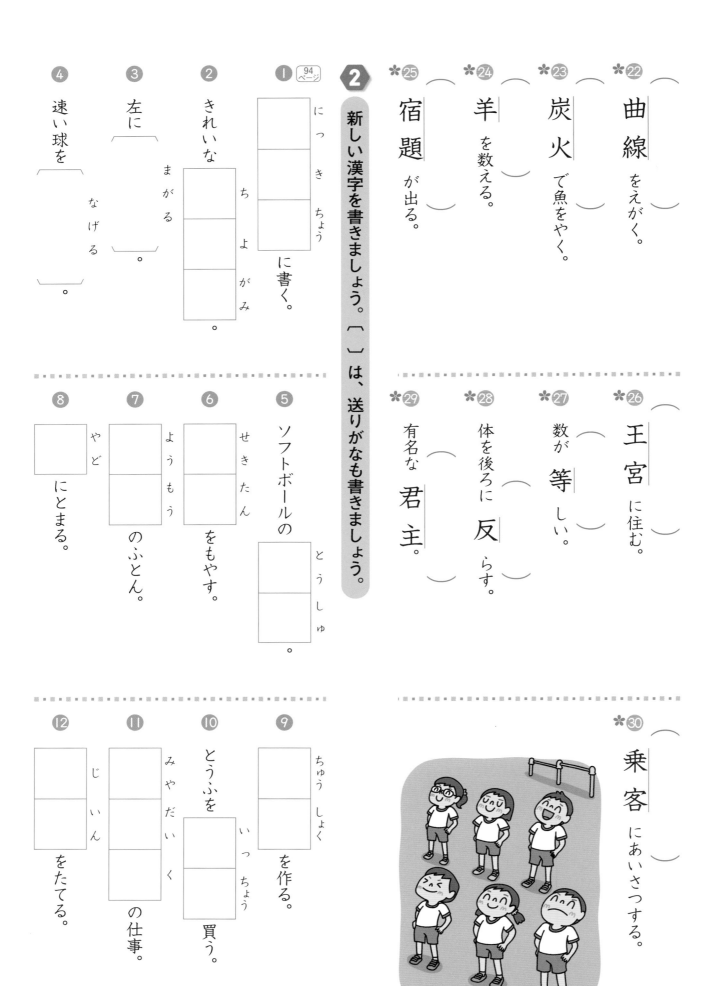

⑬ お□《れい》を言う。

⑭ □□《じょうとう》な着物。

⑮ □□《はんたい》がわに立つ。

⑯ □《きみ》の名前をおぼえる。

⑰ 車に〔　　〕《のる》。

⑱ 96ページ かん□□《でんち》を買う。

ここからはってん

✿⑲ 平和な□□《じだい》。

✿⑳ 委員を□□《こうたい》する。

✿㉑ せき油に□《か》わるエネルギー。

✿㉒ なめらかな□□《きょくせん》。

✿㉓ □□《すみび》で米をたく。

✿㉔ □《ひつじ》が鳴く。

✿㉕ □□《しゅくだい》を終える。

✿㉖ □□《おうきゅう》でくらす。

✿㉗ 長さが□《ひと》しい。

✿㉘ 体を大きく□《そ》らす。

✿㉙ 一国の□□《くんしゅ》。

✿㉚ バスの□□《じょうきゃく》。

3 漢字で書きましょう。（〰は、送りがなも書きましょう。太字は、この回で習った漢字を使った言葉です。）

1 うつくしい **ちよがみ**。

2 **みぎ**に**まがる**と**じいん**がみえる。

3 **やど**で**ちゅうしょく**をとる。

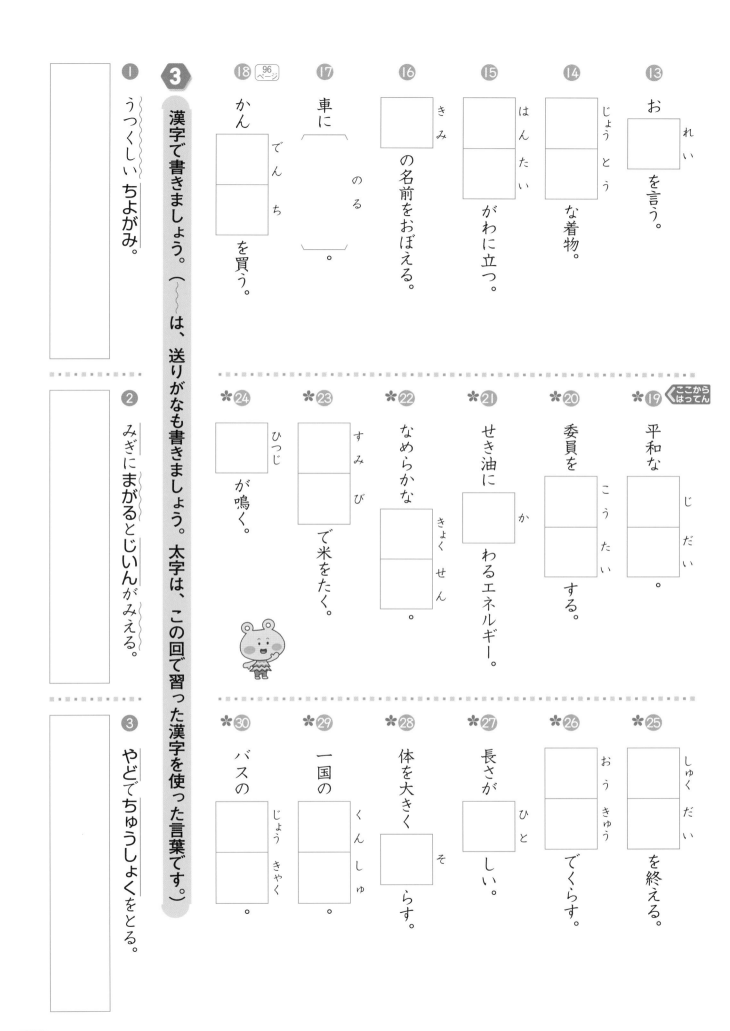

4 漢字の広場

二年生で習った漢字をかきましょう。〔　〕は、送りがなもかきましょう。

① □□《こくご》のじゅぎょう。

② 人の意見を〔　　〕《きく》。

③ 友人が□□《はつげん》する。

④ 〔　　〕《はなしあい》をする。

⑤ □□《しゃかい》の出来事。

⑥ 世の中の動きを〔　　〕《しる》。

⑦ □□《しんぶん》を広げる。

⑧ よく〔　　〕《かんがえる》。

⑨ □□《おんがく》の時間。

⑩ 大きな□□《うたごえ》。

⑪ □□《さんすう》の問題。

⑫ □□《けいさん》をする。

⑬ 先生が〔　　〕《おしえる》。

⑭ しつもんに〔　　〕《こたえる》。

⑮ □□□□《ずがこうさく》。

⑯ □《え》をかく。

⑰ はさみで〔　　〕《きる》。

⑱ 大きな□□□《がようし》。

⑲ □□《りか》のじっけん。

⑳ でん気□□《かいろ》をつなぐ。

㉑ かん□□《でんち》を使う。

㉒ □□《どくしょ》の秋。

㉓ □□《にっちょく》の仕事。

㉔ □□《こくばん》の文字を消す。

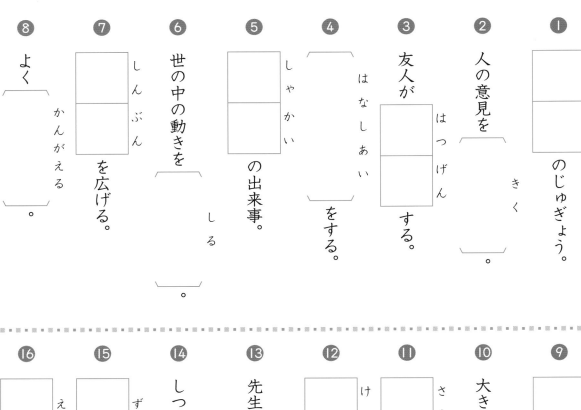

きほんのワーク

ありの行列／つたわる言葉で表そう／たから島のぼうけん

◆「読み方」の赤い字は教科書で使われている読みです。★はまちがえやすい漢字です。

教科書 ㊦97〜115ページ

勉強した日　月　日

98ページ

庭　まだれ

庭（立てる・上を長く・はらう・長くはらう）

読み方
テイ
にわ

使い方
家庭《かてい》・校庭《こうてい》
庭《にわ》の花・うら庭《にわ》

10画

漢字の形に注意。
○庭　×庭
「壬」の部分を「王」と書かないようにしよう。

注意！

101ページ

研　いしへん

研（下を長く・はらう）

読み方
ケン
（とぐ）

使い方
研究《けんきゅう》

9画

漢字のでき方。
「研」は、「石」（いし）＋「幵」（平らにする）からできているよ。
「石をけずって平らにする」ことから、「とぐ・みがく」「きわめる」という意味を表すよ。

でき方

101ページ

究　あなかんむり

究（立てる・とめる・はねる・まげる・はねる）

読み方
キュウ
（きわめる）

使い方
研究《けんきゅう》・究明《きゅうめい》

7画

漢字のでき方。
「究」は、「穴」（あな）＋「九」（手がつかえる）からできているよ。
「あなのおくに手がつかえるまでさぐる」ことから、「きわめる・つきつめる」という意味を表すよ。

でき方

筆順《じゅん》 1 2 3 4 5　まちがえやすいところ…★

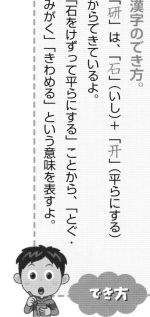

107ページ

打

打 てへん

打

はねる

読み方

ダ

うつ

使い方

打開《だかい》・打球《だきゅう》・打楽器《だがっき》

ボールを打《う》つ

5画

おぼえよう！

「扌」のつく漢字。

「扌」(てへん)は、手に関《かん》係のある漢字につくよ。

「扌」のつく漢字…指 持 拾 打 投 など。

108ページ

受

受 また

受

はねる　あける　はらう

読み方

ジュ

うける・うかる

使い方

受信《じゅしん》・待ち受《う》ける

テストに受《う》かる

8画

注意！

送りがなに注意。

○ 受《う》ける

○ 受《う》かる

× 受る

送りがなは「ける」「かる」だよ。

111ページ

島

島 やま

島

わすれない　はねる

読み方

トウ

しま

使い方

半島《はんとう》・列島《れっとう》

たから島《じま》・島国《しまぐに》

10画

注意！

形のにている漢字。

島(しま) れい 海にかこまれた島国。

鳥(とり) れい 鳥が海をわたる。

読み方が新しい漢字

99ページ	100	101	103
外《はずれる》	行《ゆく》	細《こまか》	交《まじわる》
外《はず》れる	行《ゆ》く手	細《こま》か	交《まじ》わる

ものしりメモ

玉ねぎをこまかくきざむ。　――線の部分を漢字と送りがなで書いてみよう。
答えは「細かく」だよ。「細く(ほそく)」と書かないように気をつけてね。

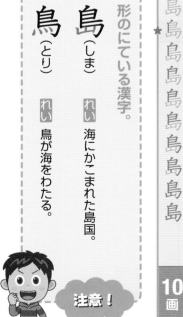

練習のワーク

ありの行列／つたわる言葉で表そう たから島のぼうけん

教科書 ㊦97～115ページ
答え 7ページ

勉強した日 月 日

1 新しい漢字を読みましょう。

1 (97ページ) 庭（　　）でありの行列を見かける。

2 道すじから外（　　）れる。

3 行（　　）く手をさえぎる。

4 細（　　）かにメモを取る。

5 仕組みを研究（　　）する。

6 二つの列が交（　　）わる。

7 (107ページ) ホームランを打（　　）つ。

8 言葉から受（　　）ける感じ。

9 (111ページ) たから島（　　）の地図。

✿10 ここからはってん 広い校庭（　　）。

✿11 打球（　　）がとぶ。

✿12 電波を受信《しん》（　　）する。

✿13 火山が多い列島（　　）。

2 新しい漢字を書きましょう。〔　〕は、送りがなも書きましょう。

1 (97ページ) □《にわ》で虫を見つける。

2 コースを〔　　〕《はずれる》。

3 〔　　〕《ゆく》手に山がある。

✿の漢字は新出漢字のべつの読み方です。

4 （　　）《こまか》な雨がふる。

5 生物を□□《けんきゅう》する。

6 道が（　　）《まじわる》。

7 107ページ 読者の心を（　　）《うつ》。

8 しけんを（　　）《うける》。

9 111ページ たから□《じま》をたんけんする。

✿10 ここから はってん □□《こうてい》でサッカーをする。

✿11 するどい□□《だきゅう》。

✿12 メールを□《じゅ》信《しん》する。

✿13 □□《れっとう》を電車で旅する。

3 漢字で書きましょう。（〰は、送りがなも書きましょう。太字は、この回で習った漢字を使った言葉です。）

1 にわにはなをうえる。

2 **こまか**にようすをかたる。

3 せかいのぶんかを**けんきゅう**する。

4 にほんのちょくせんが**まじわる**。

5 とうしゅのはやいたまを**うつ**。

6 たから**じま**のちずをひろう。

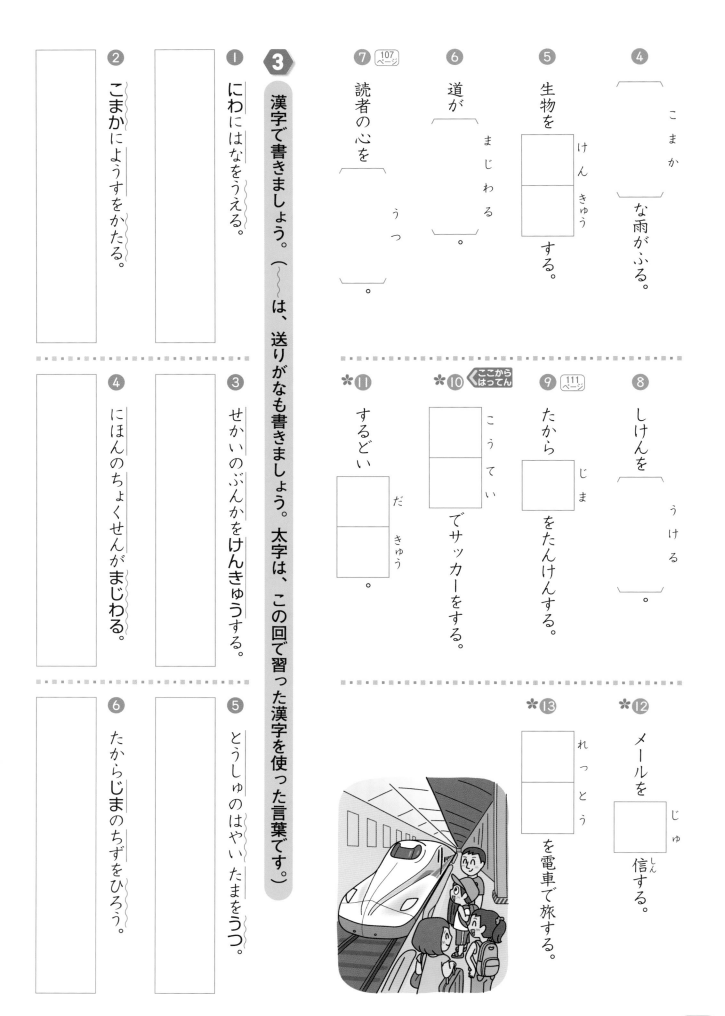

きほんのワーク

お気に入りの場所、教えます／モチモチの木 漢字の広場⑥

教科書 下116～137ページ

勉強した日　月　日

◆「読み方」の赤い字は教科書で使われている読みです。●はまちがえやすい漢字です。

お気に入りの場所、教えます／モチモチの木

123ページ

追（しんにゅう・しんにょう）　一画

読み方：ツイ／おう

使い方：追究《ついきゅう》・追放《ついほう》／追《お》いかける

9画

124ページ

実（うかんむり）　立てる　はねる　とめる　一番長く　はらう

読み方：ジツ／み・みのる

使い方：実験《じっけん》・実行《じっこう》・事実《じじつ》／茶色い実《み》・ももが実《みの》る

8画

送りがなに注意。
○ かきが実《みの》る。
× かきが実のる。
送りがなは「る」だよ。

126ページ

神（しめすへん）　つき出す　あける　とめる

読み方：シン・ジン／かみ／（かん）（こう）

使い方：神話《しんわ》・神社《じんじゃ》／神様《かみさま》・福の神《かみ》

9画

「ネ」のつく漢字。

「ネ」（しめすへん）は、神様にそなえる物をのせる台を表す「示」がもとになっているよ。

神様に関係《かん》のある漢字につくんだ。

「ネ」のつく漢字…神　社　礼　など。

129ページ

箱（たけかんむり）　とめる

読み方：―／はこ

使い方：薬箱《くすりばこ》・筆箱《ふでばこ》

15画

筆順《じゅん》 1　2　3　4　5　まちがえやすいところ…★

132ページ

湯

湯 さんずい

長く はねる

読み方

トウ
ゆ

使い方

熱湯《ねっとう》・せん湯《とう》
湯《ゆ》をわかす

12画

湯湯湯湯湯湯湯湯湯湯湯湯

形のにている漢字。

湯（トウ） れい せん湯に行く。
陽（ヨウ） れい 太陽の光。

注意！

133ページ

他

他 にんべん

長く はねる まげる

読み方

タ
ほか

使い方

他人《たにん》・その他《た》
他《ほか》の人

5画

他他他他他

形のにている漢字。

他（タ） 地（チ） 池（チ）
へんの形をよく見ておぼえよう。

注意！

135ページ

身

身 み

つき出す 長くはらう はねる

読み方

シン
み

使い方

自身《じしん》・身体《しんたい》・上半身《じょうはんしん》
身《み》の回り

7画

身身身身身身身

漢字の形に注意。

○ 身 つき出す。
× 身 つき出さない。

注意！

読み方が新しい漢字

117ページ 弱《ジャク》	強弱《きょうじゃく》
126 夜《ヤ》	今夜《こんや》
132 明《あかり》	明《あ》かり

とくべつな読み方をする言葉

126 二十日	はつか

ものしりメモ

「昷」「巷」「罙」「主」「昜」。これらの部分に、あるきょうつうする部分をつけると、漢字ができるよ。きょうつうする部分は分かったかな？　答えは「氵」（さんずい）だよ。

練習のワーク

お気に入りの場所、教えます／モチモチの木
漢字の広場⑥

教科書 下 116～137ページ

答え 7ページ

勉強した日 月 日

1 新しい漢字を読みましょう。

① 116ページ 声に 強弱（　） をつける。

② 121ページ 急いで 追（　） いかける。

③ 木から 実（　） が落ちる。

④ 十一月 二十日（　）。

⑤ 今夜（　） は月が出ていない。

⑥ 山の 神様（　）。

⑦ 薬箱（　） を用意する。

⑧ 明（　） かりをつける。

⑨ 湯（　） をわかす。

⑩ 他人（　） がおどろく。

⑪ 自分 自身（　） を知る。

✿⑫ ここからはってん 悪人を 追放（　） する。

✿⑬ 計画《かく》を 実行（　） する。

✿⑭ りんごが 実（　） る。

✿⑮ 神話（　） の登場人物。

✿⑯ 神社（　） におまいりする。

✿⑰ 熱《ねっ》湯（　） を注ぐ。

✿⑱ 他（　） の意見を出す。

✿⑲ 身（　） の回りを整理する。

✿の漢字は新出漢字のべつの読み方です。

2 新しい漢字を書きましょう。〔　〕は、送りがなも書きましょう。

1 116ページ □□《きょうじゃく》をつけて話す。

2 121ページ 兄の後を〔　〕《おう》。

3 赤い□《み》がなる。

4 一月□□□《はつか》。

5 □□《こんや》は早くねる。

6 □□《かみさま》にいのる。

7 □□《くすりばこ》を開ける。

8 月の〔　〕《あかり》。

9 温かい□《ゆ》につかる。

10 □□《たにん》を思いやる。

11 じぶん□□《じしん》で決める。

ここからはってん

＊12 国外へ□□《ついほう》する。

＊13 予定どおりに□□《じっこう》する。

＊14 いちごが□《みの》る。

＊15 □□《しんわ》を調べる。

＊16 古い□□《じんじゃ》がある。

＊17 熱《ねっ》□《とう》でしょうどくする。

＊18 □《ほか》の人にきく。

＊19 □《み》の回りのせわをする。

3 漢字で書きましょう。（〰〰は、送りがなも書きましょう。太字は、この回で習った漢字を使った言葉です。）

1 かみさまのものがたり。

□

2 くすりばこをせいりする。

□

3 きょうしつのあかりをけす。

□

4 漢字の広場

二年生で習った漢字を書きましょう。〔　〕は、送りがなも書きましょう。

1 □《はる》の□□《のはら》。

2 〔　〕《はれ》のちくもり。

3 □《とり》が□《かぜ》に乗ってとぶ。

4 〔　〕《あかるい》光がさす。

5 □《ひる》ごはんを〔　〕《たべる》。

6 □《なつ》の□《うみ》。

7 □《くも》が広がる。

8 □《いわ》にすわって□《さかな》をつる。

9 大きな□《ふね》。

10 じゅんび□《たい》そうをする。

11 □□《むぎちゃ》を飲む。

12 □《あき》に□《こめ》がみのる。

13 〔　〕《とおい》町にいく。

14 □□《きしゃ》がけむりを上げる。

15 □□《やまざと》を〔　〕《あるく》。

16 □《ふゆ》に□《ゆき》がつもる。

17 □□《よぞら》の□《ほし》。

18 □□《けいと》の手ぶくろ。

3年 仕上げのテスト

1 ——線の漢字の読み方を書きましょう。　一つ1（14点）

① 羊毛（　）でできた上等（　）なコート。

② 宿（　）へと向かうバスに乗（　）る。

③ 君（　）とは反対（　）の考えだ。

④ 行（　）く手に大きな寺院（　）がある。

⑤ 他人（　）の行動を目で追（　）う。

⑥ 神様（　）にかきの実（　）をおそなえする。

⑦ 今夜（　）は月の明（　）かりが美しい。

2 □は漢字を、（　）は漢字と送りがなを書きましょう。　一つ1（14点）

① □□□《にっきちょう》。

② □□□《ちよがみ》。

③ 球を（　　）《なげる》。

④ 黒い□□《せきたん》。

⑤ □□《ちゅうしょく》の時間。

⑥ □□□《みやだいく》。

⑦ お□《れい》をする。

⑧ かん□□《でんち》。

⑨ 自由□□《けんきゅう》。

⑩ くぎを（　　）《うつ》。

⑪ たから□《じま》。

⑫ 音の□□《きょうじゃく》。

⑬ □□《くすりばこ》の中。

⑭ □《ゆ》がわく。

答え 8ページ

時間 20分

とく点　　/100点

勉強した日　　月　　日

① かみさまのものがたり。

② くすりばこをせいりする。

③ きょうしつのあかりをけす。

4 漢字の広場

二年生で習った漢字を書きましょう。〔　〕は、送りがなも書きましょう。

① □《はる》の□□《のはら》。

② 〔　〕《はれ》のちくもり。

③ □《とり》が□《かぜ》に乗ってとぶ。

④ 〔　〕《あかるい》光がさす。

⑤ □《ひる》ごはんを〔　〕《たべる》。

⑥ □《なつ》の□《うみ》。

⑦ □《くも》が広がる。

⑧ □《いわ》にすわって□《さかな》をつる。

⑨ 大きな□《ふね》。

⑩ じゅんび□《たい》そうをする。

⑪ □□《むぎちゃ》を飲む。

⑫ □《あき》に□《こめ》がみのる。

⑬ 〔　〕《とおい》町にいく。

⑭ □□《きしゃ》がけむりを上げる。

⑮ □□《やまざと》を〔　〕《あるく》。

⑯ □《ふゆ》に□《ゆき》がつもる。

⑰ □□《よぞら》の□《ほし》。

⑱ □□《けいと》の手ぶくろ。

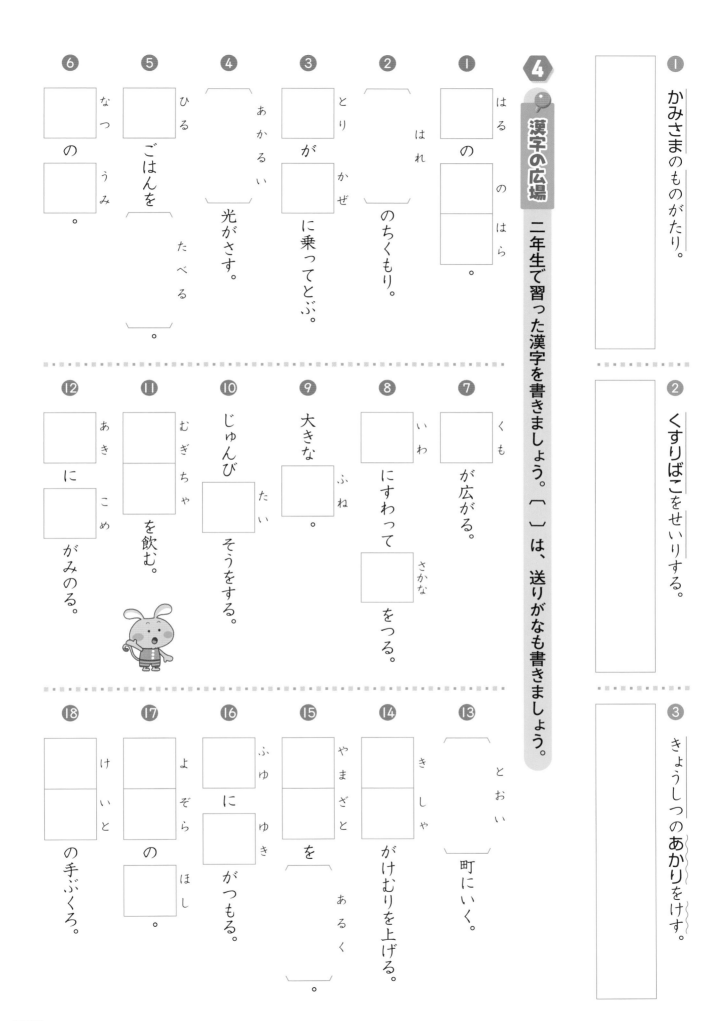

3年 仕上げのテスト

1 ――線の漢字の読み方を書きましょう。　一つ1（14点）

①（　）羊毛（　）でできた上等（　）なコート。

②（　）宿（　）へと向かうバスに乗（　）る。

③（　）君（　）とは反対（　）の考えだ。

④（　）行（　）く手に大きな寺院（　）がある。

⑤（　）他人（　）の行動を目で追（　）う。

⑥（　）神様（　）にかきの実（　）をおそなえする。

⑦（　）今夜（　）は月の明（　）かりが美しい。

2 □は漢字を、（　）は漢字と送りがなを書きましょう。　一つ1（14点）

① □□□《にっきちょう》。

② □□□《ちよがみ》。

③ 球を（　）《なげる》。

④ 黒い□□《せきたん》。

⑤ □□《ちゅうしょく》の時間。

⑥ □□□《みやだいく》。

⑦ お□《れい》をする。

⑧ かん□□《でんち》。

⑨ 自由□□《けんきゅう》。

⑩ くぎを（　）《うつ》。

⑪ たから□《じま》。

⑫ 音の□□《きょうじゃく》。

⑬ □□《くすりばこ》の中。

⑭ □《ゆ》がわく。

答え 8ページ

時間 20分

とく点 /100点

勉強した日 月 日

3 ――線の言葉を、漢字と送りがなで書きましょう。 一つ2(10点)

① かどを右にまがる。

② 答えがはずれる。

③ 当番をかわる。

④ ボールをうける。

⑤ 二つの道路がまじわる。

4 同じ音読《おん》みをする漢字を、□に書きましょう。 一つ2(8点)

① シン
1 生物が□化する。
2 自分自□を見つめ直す。

② テイ
1 広い□園の中を歩く。
2 旅行の予□を立てる。

5 次の漢字の総画《そうかく》数を、( )に数字で書きましょう。 一つ1(2点)

① 階( )画　② 起( )画

6 次の漢字の赤字の部分は、何画目に書きますか。( )に数字で書きましょう。 一つ1(4点)

① 帳( )画目　② 登( )画目
③ 放( )画目　④ 波( )画目

7 次の漢字の――線の読み方を書きましょう。 一つ1(8点)

① 細
1 細かな決まり。( )
2 細いひも。( )

② 重
1 体重がふえる。( )
2 皿を重ねる。( )
3 重いかばん。( )

③ 主
1 主な作品。( )
2 物語の主人公。( )
3 やさしい心の持ち主。( )

8 漢字二字の言葉が二つずつできるように、□にあてはまる漢字を□からえらんで書きましょう。 一つ2（16点）

① □ ― 馬・車

② □ ― 心・全

③ □ ― 真・生

④ □ ― 決・話

⑤ 全・店 ― □

⑥ 道・用 ― □

⑦ 病・寺 ― □

⑧ 感・予 ― □

員　具　対　乗　安　想　院　写

9 同じ部分をもつ漢字を、□に書きましょう。 一つ2（8点）

① 車□《こ》・今□《ど》

② 口□《ぶえ》・ごみ□《ばこ》

10 とくべつな読み方をする言葉を書きましょう。 一つ1（4点）

① □□《とけい》を見る。

② □□《おとな》の考え。

③ 六月□□□《はつか》。

④ □□《じょうず》に歌う。

11 次の言葉と反対の意味の言葉を、□に漢字で書きましょう。 一つ2（8点）

① 洋服 ↕ □服

② 今 ↕ □

③ 直線 ↕ □線

④ たて ↕ □

12 次の住所に関係《かん》のある漢字を、□に書きましょう。 一つ1（4点）

① 二□《ちょう》目

② 東京□《と》

③ 青森□《けん》

④ 文京《ぶんきょう》□《く》

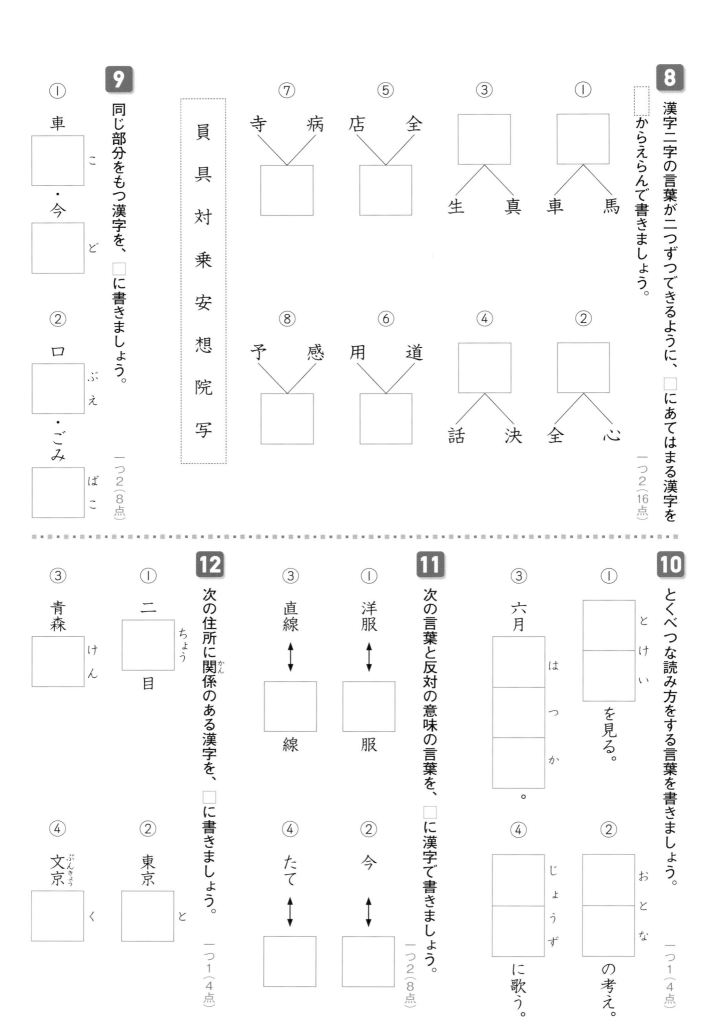

教科書ワーク

答えとてびき

「答えとてびき」は、とりはずすことができます。

光村図書版

漢字 3年

使い方

まちがえた問題《もんだい》は確実《かくじつ》に書けるまで、くり返《かえ》し書いて練習《れんしゅう》することが大切です。この本で、教科書に出てくる漢《かん》字の使《つか》い方をおぼえて、漢字の力を身《み》につけましょう。

●教科書　国語三上　わかば

どきん 春風をたどって

5～7ページ 練習のワーク

❶
①し ②ことば ③がくしゅう
④ちゃくもく ⑤とうじょうじんぶつ
⑥きも ⑦たび ⑧しろいっしょく
⑨おうごん ⑩はじ ⑪すす ⑫きょう
⑬うご ⑭ふか ⑮ようす ⑯ひとり
⑰くうき ⑱ものがたり ⑲ばめん
⑳ふたり ㉑よう ㉒なら ㉓き ㉔つ
㉕とざん ㉖のぼ ㉗さくもつ
㉘りょこう ㉙し ㉚しんこう
㉛どうぶつ ㉜すいしん ㉝おうさま

❷
①詩 ②言葉 ③学習 ④着目
⑤登場人物 ⑥気持ち ⑦旅 ⑧白一色
⑨黄金 ⑩始める ⑪進む ⑫今日
⑬動く ⑭深い ⑮様子 ⑯一人 ⑰空気
⑱物語 ⑲場面 ⑳二人 ㉑習 ㉒着
㉓登山 ㉔旅行 ㉕動物

❸
①詩のひょうげんに着目する。
②新しい言葉を学習する。
③物語の登場人物。
④旅に出るじゅんびを始める。
⑤深い山のおくへ進む。
⑥場面の様子をあらわす。

図書館たんていだん／国語辞典を使おう 漢字の広場①

11～14ページ 練習のワーク

❶
①としょかん ②ばんごう ③しら
④つか ⑤と ⑥いみ ⑦みずうみ
⑧かんじ ⑨じゆう ⑩あたた ⑪ざけ
⑫もんだい ⑬はつばい ⑭にんぎょう
⑮ぶんしょう ⑯へいき ⑰やかた
⑱たいちょう ⑲しよう ⑳とん ㉑あじ
㉒こじょう ㉓ゆらい ㉔きおん
㉕にほんしゅ ㉖さか ㉗びょう ㉘たい
㉙ひら

❷
①図書館 ②番号 ③調べる ④使う
⑤問い ⑥意味 ⑦湖 ⑧漢字 ⑨自由
⑩温かい ⑪酒 ⑫問題 ⑬発売 ⑭人形
⑮文章 ⑯平気 ⑰体調 ⑱使用 ⑲味
⑳湖上 ㉑由来 ㉒気温 ㉓平 ㉔平

❸
①図書館で古い新聞を読む。
②本を番号でさがす。
③言葉の意味を調べる。
④正しい漢字を使う。
⑤深い湖が広がる。
⑥自由に文章を書く。
⑦算数の問題に答える。
⑧人形を発売する。

❹
①牛・鳴く ②高い ③強い ④弱い

⑤売店 ⑥一万円 ⑦同じ ⑧首
⑨長い ⑩黄色 ⑪馬・二頭 ⑫時間
⑬羽・広げる ⑭多い ⑮少ない
⑯売る ⑰買う ⑱門

もっと知りたい、友だちのこと
漢字の音と訓／漢字の広場②

18～21ページ 練習のワーク

❶
①き ②できごと ③ちゅうしん ④お
⑤あいて ⑥ようふく ⑦かあ ⑧つぎ
⑨ちょうしょく ⑩そうちょう ⑪ところ
⑫けんどう ⑬ゆうめい ⑭にっこう
⑮こおり ⑯いっぷん
⑰ろくじゅうびょう ⑱のうか ⑲しごと
⑳やきゅう ㉑きょく ㉒けつい
㉓だいじ ㉔らっか ㉕そう ㉖もくじ
㉗ばしょ ㉘あ ㉙ひょうざん ㉚つか
㉛たま(きゅう)

❷
①決める ②出来事 ③中心 ④落とす
⑤相手 ⑥洋服 ⑦母さん ⑧次 ⑨朝食
⑩早朝 ⑪所 ⑫県道 ⑬有名 ⑭日光
⑮氷 ⑯一分 ⑰六十秒 ⑱農家 ⑲仕事
⑳野球 ㉑局 ㉒決意 ㉓大事 ㉔目次
㉕場所 ㉖氷山 ㉗仕

❸
①早朝の出来事を話す。
②中心になって動く。
③相手の気持ちを考える。
④新しい洋服を買う。
⑤県道ぞいのゆうびん局。
⑥有名な野球のせんしゅ。

❹
①地図 ②家 ③行く ④一本道
⑤元気 ⑥方角 ⑦会う ⑧親友
⑨太い ⑩心細い ⑪止まる ⑫通る
⑬谷 ⑭弓矢 ⑮天才 ⑯当たる
⑰岩 ⑱戸 ⑲丸い ⑳引く ㉑光る
㉒帰る

文様／こまを楽しむ／全体と中心
気持ちをこめて、「来てください」
漢字の広場③

25～28ページ 練習のワーク

❶
①ぜんたい ②あそ ③はっけん
④あらわ ⑤むかし ⑥せかいじゅう
⑦おこな ⑧もと ⑨はや ⑩よこ
⑪ゆび ⑫じょうず ⑬てつ ⑭あんてい
⑮うんどうかい ⑯よてい ⑰ついたち
⑱そう ⑲かよ ⑳おく ㉑じゅうしょ
㉒まった ㉓すべ ㉔ゆうえんち
㉕はっぴょう ㉖おもて ㉗せい ㉘よ
㉙そく ㉚おう ㉛しめい ㉜さ ㉝やす
㉞じょう ㉟さだ ㊱はこ ㊲はっそう
㊳す

❷
①全体 ②遊ぶ ③発見 ④表す ⑤昔
⑥世界中 ⑦行う ⑧元 ⑨速さ ⑩横
⑪指 ⑫上手 ⑬鉄 ⑭安定 ⑮運動会
⑯予定 ⑰一日 ⑱走 ⑲通う ⑳送る
㉑住所 ㉒遊園地 ㉓発表 ㉔世 ㉕指名
㉖安 ㉗運 ㉘住

❸
①世界中で人気が出る。
②運動会を行う。
③指でおさえて安定させる。

❹
①日曜日・朝 ②顔・毎日 ③妹・人形
④姉・室内 ⑤午前・午後 ⑥来る
⑦肉・半分 ⑧何回・外 ⑨父・母・思う
⑩夜・日記 ⑪今週・当番 ⑫弟・作る
⑬楽しみ・番組 ⑭兄・小刀
⑮東京・行く

まいごのかぎ／俳句を楽しもう
こそあど言葉を使いこなそう
引用するとき

33～35ページ 練習のワーク

❶
①ぐ ②ひろ ③む ④さか ⑤かなぐ
⑥まる ⑦ひめい ⑧みどりいろ
⑨ほどう ⑩ひら ⑪は ⑫かいがん
⑬ろせん ⑭かん ⑮たい ⑯ちょうし
⑰くぎ ⑱ひがし ⑲たいよう ⑳ととの
㉑か ㉒いちぶ ㉓きんじょ ㉔およ
㉕れんしゅう ㉖じょげん ㉗どうわ
㉘もう ㉙いんよう ㉚しゅっ

㉛ほうこう ㉜かな ㉝かいてん ㉞せいり ㉟すいえい ㊱たす

2
①具 ②拾い ③向かう ④坂 ⑤金具 ⑥円い ⑦悲鳴 ⑧緑色 ⑨歩道 ⑩開き ⑪羽 ⑫海岸 ⑬路線 ⑭感 ⑮対 ⑯調子 ⑰区切る ⑱東 ⑲太陽 ⑳整える ㉑歌 ㉒一部 ㉓近所 ㉔泳ぐ ㉕練習 ㉖助言 ㉗童話 ㉘申し ㉙引用 ㉚出 ㉛悲 ㉜水泳 ㉝助

仕事のくふう、見つけたよ／夏のくらし 本で知ったことをクイズにしよう 鳥になったきょうりゅうの話

39〜41ページ 練習のワーク

1
①おとな ②しょくひん ③しょうひん ④きゃくさま ⑤ごう ⑥とうてん ⑦にゅうがくしき ⑧せいてん ⑨ことし ⑩きょねん ⑪にばい ⑫もうひつ ⑬ぎんこう ⑭どうじ ⑮ちょくせん ⑯ふつか ⑰しらたま ⑱あら ⑲しょくぶつ ⑳あつ ㉑かせき ㉒じめん ㉓し ㉔つごう ㉕てじな ㉖さ ㉗こふで ㉘う ㉙ししゅう ㉚ば ㉛せいし ㉜とかい ㉝みやこ

2
①大人 ②食品 ③商品 ④客様 ⑤合 ⑥読点 ⑦入学式 ⑧晴天 ⑨今年 ⑩去年 ⑪二倍 ⑫毛筆 ⑬銀行 ⑭同時 ⑮直線 ⑯二日 ⑰白玉 ⑱新た ⑲植物 ⑳集める ㉑化石 ㉒地面 ㉓死ぬ ㉔都合 ㉕手品 ㉖去 ㉗植

3
①世界中の本を集める。
②新しい化石を発見する。
③都合のいい時間を決める。

夏休み まとめのテスト

42・43ページ まとめのテスト①

1
①ことば・ちゃくもく
②とうじょうじんぶつ・ようす
③いみ・しら
④じゆう・つか
⑤つぎ・き
⑥ゆうめい・ところ
⑦のうか・しごと

2
①学習 ②旅 ③進む ④図書館 ⑤湖 ⑥酒 ⑦問題 ⑧発売 ⑨平気 ⑩相手 ⑪県道 ⑫氷 ⑬六十秒 ⑭野球

3
①深い ②整える ③温かい ④向かう ⑤落とす

4
①1ぜん 2まった 3すべ
②1と 2つ 3みやこ

5
①1開 2空
②1早 2速

6
①詩 ②練 ③横 ④童

7
①5(五) ②5(五) ③14(十四)

てびき

2 ④「図書館」の「館」の左がわは「食」です。「食」と書かないように気をつけましょう。

⑫「氷」は二画《かく》目の点を書きわすれないように気をつけましょう。

3 送りがなに気をつける漢字です。①「深かい」、②「整る」「整のえる」、③「温い」「温たかい」、④「向う」、⑤「落す」などとしないようにしましょう。

4 ①「全」の訓《くん》読みには、**2**「まった(く)」、**3**「すべ(て)」があります。送りがながかわると、読み方も意味もかわるので気をつけましょう。

②**2**「都合」は、「つごう」と読みます。「とごう」と読まないように気をつけましょう。

5 同じ訓読みをする漢字を使い分けましょう。①**1**「開ける」は、「ひらくこと」、**2**「空ける」は、「空間やすきまを作ること」です。

②**1**「早い」は、「時こくが前であること」、**2**「速い」は、「スピードがあること」です。

7 ①「夕」の部分は、一画で書きます。

②二画目と四画目をつづけて書かないように気をつけましょう。
③「氺」の部分は、五画で書きます。「水」と書いて四画と数えないようにしましょう。

44・45ページ まとめのテスト②

1 ①むかし・あそ ②あんてい・はや ③うんどうかい・そう ④じゅうしょ・おく ⑤さか・かいがん ⑥じょげん・れんしゅう ⑦かせき・あつ

2 ①指 ②鉄 ③具 ④路線 ⑤感 ⑥一部 ⑦童話 ⑧申し ⑨客様 ⑩入学式 ⑪二倍 ⑫毛筆 ⑬銀行 ⑭地面

3 ①始まる ②悲しい ③泳ぐ ④拾う

4 ①1ぶつ 2もの 3もつ ②1ぴょう 2おもて ③1ひん 2じな

5 ①ア ②イ ③イ

6 ①1陽 2洋 ②1開 2界

7 ①植物 ②文章 ③去年 ④予習

てびき

3 ①「始る」「始じまる」としないようにしましょう。
②「悲い」「悲なしい」としないようにしましょう。「悲しい」などの気持ちを表す言葉は、「しい」を送りがなにするものが多いです。「楽しい」もいっしょにおぼえておきましょう。

4 ②「表」には、「あらわ(す)」「あらわ(れる)」という訓《くん》読みもあります。

5 ①「有」は16ページ、②「局」は17ページ、③「区」は31ページで、それぞれの筆順《じゅん》をたしかめておきましょう。

6 言葉の意味を考えて、漢字を正しく書き分けましょう。

わたしと小鳥とすずと／夕日がせなかをおしてくる／こんな係がクラスにほしい／ポスターを読もう

47ページ 練習のワーク

1 ①りょうて ②ま ③かかり ④ぜんいん ⑤まつ ⑥ぶんかさい

2 ①両手 ②負ける ③係 ④全員 ⑤祭り ⑥文化祭

3 ①両手で道具を持つ。 ②野球の大会で負ける。 ③家ぞく全員で祭りに行く。

書くことを考えるときは／漢字の組み立て／ローマ字

51〜53ページ 練習のワーク

1 ①のうさぎょう ②てっぱん ③でんちゅう ④はしらどけい ⑤きゅうじつ ⑥ゆでん ⑦かいこう ⑧めぐすり ⑨くさぶえ ⑩うんかい ⑪しんせつ ⑫ちゅうい ⑬わるもの ⑭かんち ⑮ばいばい ⑯しょうぶ ⑰こうだい ⑱しゃこ ⑲まぢか ⑳にゅうりょく ㉑でんぱ ㉒きしゃ ㉓ほうそう ㉔べんきょう ㉕はごいた ㉖あぶらえ ㉗みなとまち ㉘やくそう ㉙きてき ㉚あくじ

2 ①農作業 ②鉄板 ③電柱 ④柱時計 ⑤休日 ⑥油田 ⑦開港 ⑧目薬 ⑨草笛 ⑩雲海 ⑪新雪 ⑫注意 ⑬悪者 ⑭感知 ⑮売買 ⑯勝負 ⑰広大 ⑱車庫 ⑲間近 ⑳入力 ㉑電波 ㉒帰社 ㉓放送 ㉔勉強 ㉕羽子板 ㉖油絵 ㉗港町 ㉘薬草 ㉙汽笛 ㉚悪事

3 ①農作業を始める。 ②休日に公園で遊ぶ。 ③注意して目薬をさす。 ④悪者が登場する場面。

⑤ニュース番組を放送する。
⑥図書館で勉強する。

●教科書　国語三下　あおぞら

ちいちゃんのかげおくり／修飾語を使って書こう／秋のくらし

57〜59ページ　練習のワーク

1
①かんそう　②とう　③にい　④しゃしん
⑤れっしゃ　⑥ち　⑦くら　⑧はし
⑨あつ　⑩さむ　⑪かる　⑫いのち
⑬だいいちばめん　⑭あき　⑮かえ
⑯しゅご　⑰あす　⑱きゅうしゅう
⑲ふうせん　⑳やね　㉑にもつ　㉒まも
㉓やくだ　㉔しんまい　㉕あんき
㉖ほどうきょう　㉗せいめい　㉘へんじ
㉙おくじょう　㉚こんき

2
①感想　②父さん　③兄ちゃん　④写真
⑤列車　⑥血　⑦暗い　⑧橋　⑨暑い
⑩寒い　⑪軽い　⑫命　⑬第一場面
⑭明らか　⑮返す　⑯主語　⑰明日
⑱九州　⑲風船　⑳屋根　㉑荷物　㉒守る
㉓役立つ　㉔新米　㉕暗記　㉖歩道橋
㉗生命　㉘返事　㉙屋上　㉚根気

3
①列車の写真をとる。
②暗い夜道を走る。
③橋をわたって向こう岸へ行く。
④軽い荷物を持つ。
⑤屋根の上に雪がつもる。
⑥新しい道具が役立つ。

すがたをかえる大豆／ことわざ・故事成語／漢字の意味

64〜66ページ　練習のワーク

1
①だいず　②そだ　③しょうか　④と
⑤じき　⑥はたけ　⑦お　⑧ふく　⑨いそ
⑩はやお　⑪く　⑫たしょう　⑬ま
⑭そうだん　⑮はな　⑯は　⑰ま
⑱ちゅうおう　⑲にかい　⑳へや　㉑けさ
㉒いいんかい　㉓がっきゅうしんぶん
㉔しょうわ　㉕えき　㉖おそ　㉗かわ
㉘さら　㉙まめ　㉚たいいくかん
㉛はぐく　㉜け　㉝はたさく　㉞にが
㉟ゆだ　㊱ひにく

2
①大豆　②育つ　③消化　④取り　⑤時期
⑥畑　⑦終わり　⑧福　⑨急ぐ　⑩早起き
⑪苦　⑫多少　⑬待ち　⑭相談　⑮鼻
⑯歯　⑰交ぜる　⑱中央　⑲二階　⑳部屋
㉑今朝　㉒委員会　㉓学級新聞　㉔昭和
㉕駅　㉖教わる　㉗皮　㉘皿　㉙体育館
㉚消　㉛苦　㉜委　㉝皮肉

短歌を楽しもう／漢字の広場④ 三年とうげ／わたしの町のよいところ

70〜73ページ　練習のワーク

1
①たんか　②いき　③うつく　④ころ
⑤ま・さお　⑥びょうき　⑦いしゃ
⑧の　⑨おも　⑩しんぱい　⑪いちど
⑫しあわ　⑬こうりゅう　⑭すいぞくかん
⑮こうこうせい　⑯みじか　⑰しょうそく
⑱びせい　⑲じてんしゃ　⑳やまい
㉑いんしょく　㉒たいじゅう　㉓ちょう
㉔かさ　㉕くば　㉖こうふく　㉗さいわ
㉘なが

2
①短歌　②息　③美しい　④転ぶ
⑤真っ青　⑥病気　⑦医者　⑧飲む
⑨重い　⑩心配　⑪一度　⑫幸せ
⑬交流　⑭水族館　⑮高校生　⑯短
⑰消息　⑱美声　⑲自転車　⑳病
㉑飲食　㉒体重　㉓重　㉔重　㉕配
㉖幸福　㉗幸　㉘流

3
①何回も短歌を味わう。
②美しいけしきにため息が出る。
③急な坂道で転ぶ。
④病気の心配がなくなる。
⑤重い家具を動かす。
⑥作業が一度で終わる。
⑦幸せな毎日を送る。

⑧高校生と交流する。
⑨水族館の中を歩く。

4
①北・天文台 ②家 ③活気 ④市場
⑤自動車 ⑥近所 ⑦新しい ⑧東・公園
⑨古い・寺 ⑩西・広場 ⑪交番 ⑫走る
⑬点数 ⑭南 ⑮線路

冬休み　まとめのテスト

74・75ページ　まとめのテスト①

1
①ぜんいん・かかり
②うんかい・まぢか
③こうだい・しんせつ
④かんち・ちゅうい
⑤にゅうりょく・べんきょう
⑥とう・しゃしん
⑦いのち・まも

2
①両手 ②祭り ③農作業 ④鉄板
⑤草笛 ⑥車庫 ⑦電波 ⑧列車 ⑨血
⑩第一 ⑪主語 ⑫九州 ⑬風船 ⑭屋根

3
①流れる ②美しい ③明らか ④返す
⑤交ぜる

4
①**1**ま **2**お
②**1**そだ **2**はぐく
③**1**しあわ **2**さいわ **3**こう

5
①心 ②艹 ③木 ④氵

6
①**1**皮 **2**川 ②**1**花 **2**鼻
③**1**者 **2**物

てびき

1 ①「全員」の読み方は「ぜんいん」です。「ぜいいん」と書かないように気をつけましょう。
②「間近」の読み方は「まぢか」です。「まじか」と書かないように気をつけましょう。

2 ⑩「第」を「弟」と書かないように気をつけましょう。

3 ②「美くしい」「美い」などとしないようにしましょう。

4 ①「負」、②「育」、③「幸」の訓読《くん》みは、送りがながかわると読み方も意味もかわるので気をつけましょう。

5 ①「想」「悪」「息」という漢字です。
②「薬」「荷」「草」という漢字です。
③「柱」「根」「板」という漢字です。
④「消」「油」「港」という漢字です。
①「心」(こころ)は心に、②「艹」(くさかんむり)は植物に、③「木」(きへん)は木のしゅるいや木でつくったものなどに、④「氵」(さんずい)は水に関係《かんけい》のある漢字につきます。

6 漢字の意味と使い方を考えて、正しく書き分けましょう。

76・77ページ　まとめのテスト②

1
①だいず・そだ ②はたけ・じき
③たしょう・く ④ま・そうだん
⑤へや・おそ ⑥ころ・ま・さお
⑦いしゃ・の

2
①福 ②歯 ③中央 ④二階 ⑤委員会
⑥昭和 ⑦駅 ⑧皿 ⑨息 ⑩病気
⑪心配 ⑫一度 ⑬交流 ⑭水族館

3
①起きる ②急ぐ ③放つ ④注ぐ
⑤委ねる

4
①**1**消火 **2**消化 ②**1**帰社 **2**汽車

5
①短 ②勝 ③暗 ④終 ⑤寒 ⑥重

6
①取 ②橋 ③員 ④役

7
①ア ②イ

てびき

3 ③「放」には、「はな(つ)」の他に、「はな(す)」「はな(れる)」「ほう(る)」という訓読《くん》みもあります。

4 ②「きしゃ」には、**1**「帰社」、**2**「汽車」の他に、「記者」という言葉もあります。漢字の意味と使い方を考えて、正しく書き分けましょう。

5 ①「長短」、②「勝負」、③「明《めい》暗」、④「始終」、⑤「寒暑」、⑥「軽重」と、反《はん》対の意味の漢字を組み合わせて、言葉を作ることもできます。

6 上下または左右《さゆう》に組み合わせてみて、正しい漢字を作りましょう。

7 ①「及」の部分は、「及」を先に書きます。
②「医」は、七画目《かく》をさいごにひと筆で書くように気をつけましょう。

カンジーはかせの音訓かるた／漢字の広場⑤

81～84ページ 練習のワーク

1
①にっきちょう ②ちよがみ ③ま
④な ⑤とうしゅ ⑥せきたん
⑦ようもう ⑧やど ⑨ちゅうしょく
⑩いっちょう ⑪みやだいく ⑫じいん
⑬れい ⑭じょうとう ⑮はんたい
⑯きみ ⑰の ⑱でんち ⑲じだい
⑳こうたい ㉑か ㉒きょくせん
㉓すみび ㉔ひつじ ㉕しゅくだい
㉖おうきゅう ㉗ひと ㉘そ ㉙くんしゅ
㉚じょうきゃく

2
①日記帳 ②千代紙 ③曲がる ④投げる
⑤投手 ⑥石炭 ⑦羊毛 ⑧宿 ⑨昼食
⑩一丁 ⑪宮大工 ⑫寺院 ⑬礼 ⑭上等
⑮反対 ⑯君 ⑰乗る ⑱電池 ⑲時代
⑳交代 ㉑代 ㉒曲線 ㉓炭火 ㉔羊
㉕宿題 ㉖王宮 ㉗等 ㉘反 ㉙君主
㉚乗客

3
①美しい千代紙。
②右に曲がると寺院が見える。
③宿で昼食をとる。

4
①国語 ②聞く ③発言 ④話し合い
⑤社会 ⑥知る ⑦新聞 ⑧考える
⑨音楽 ⑩歌声 ⑪算数 ⑫計算
⑬教える ⑭答える ⑮図画工作
⑯絵 ⑰切る ⑱画用紙 ⑲理科 ⑳回路
㉑電池 ㉒読書 ㉓日直 ㉔黒板

ありの行列／つたわる言葉で表そう／たから島のぼうけん

87・88ページ 練習のワーク

1
①にわ ②はず ③ゆ ④こま
⑤けんきゅう ⑥まじ ⑦う ⑧う
⑨じま ⑩こうてい ⑪だきゅう
⑫じゅ ⑬れっとう

2
①庭 ②外れる ③行く ④細か
⑤研究 ⑥交わる ⑦打つ
⑧受ける ⑨島 ⑩校庭 ⑪打球
⑫受 ⑬列島

3
①庭に花を植える。
②細かに様子を語る。
③世界の文化を研究する。
④二本の直線が交わる。
⑤投手の速い球を打つ。
⑥たから島の地図を拾う。

お気に入りの場所、教えます／モチモチの木／漢字の広場⑥

91～93ページ 練習のワーク

1
①きょうじゃく ②お ③み ④はつか
⑤こんや ⑥かみさま ⑦くすりばこ
⑧あ ⑨ゆ ⑩たにん ⑪じしん
⑫ついほう ⑬じっこう ⑭みの
⑮しんわ ⑯じんじゃ ⑰とう ⑱ほか
⑲み

2
①強弱 ②追う ③実 ④二十日 ⑤今夜
⑥神様 ⑦薬箱 ⑧明かり ⑨湯 ⑩他人
⑪自身 ⑫追放 ⑬実行 ⑭実 ⑮神話
⑯神社 ⑰湯 ⑱他 ⑲身

3
①神様の物語。
②薬箱を整理する。
③教室の明かりを消す。

4
①春・野原 ②晴れ ③鳥・風 ④明るい
⑤昼・食べる ⑥夏・海 ⑦雲 ⑧岩・魚
⑨船 ⑩体 ⑪麦茶 ⑫秋・米 ⑬遠い
⑭汽車 ⑮山里・歩く ⑯冬・雪
⑰夜空・星 ⑱毛糸

94～96ページ　仕上げのテスト

1 ①ようもう・じょうとう　②やど・の　③きみ・はんたい　④ゆ・じいん　⑤たにん・お　⑥かみさま・み　⑦こんや・あ

2 ①日記帳　②千代紙　③投げる　④石炭　⑤昼食　⑥宮大工　⑦礼　⑧電池　⑨研究　⑩打つ　⑪島　⑫強弱　⑬薬箱　⑭湯

3 ①曲がる　②外れる　③代わる　④受ける　⑤交わる

4 ①**1**進　**2**身　②**1**庭　**2**定

5 ①12(十二)　②10(十)

6 ①4(四)　②4(四)　③3(三)　④4(四)

7 ①**1**こま　**2**ほそ　②**1**じゅう　**2**かさ　**3**おも　③**1**おも　**2**しゅ　**3**ぬし

8 ①乗　②安　③写　④対　⑤員　⑥具　⑦院　⑧想

9 ①庫・度　②笛・箱

10 ①時計　②大人　③二十日　④上手

11 ①和　②昔(古)　③曲　④横

12 ①丁　②都　③県　④区

てびき

1 ⑦「明」には、「あ(かり)」の他に、「あか(るい)」「あき(らか)」「あ(ける)」などの訓《くん》読みもあります。送りがながかわると読み方も意味もかわるので気をつけましょう。

2 ③・⑩「扌」(てへん)の漢字です。

⑧「かん電池」を、「かん電地」と書かないように気をつけましょう。

⑫「強弱」は、反対の意味の漢字を組み合わせた言葉です。

3 ⑤「交る」「交じわる」などとしないようにしましょう。「交」には他に、「まじ(える)」「ま(じる)」「ま(ざる)」「ま(ぜる)」などの訓読みがあります。

4 漢字の意味と使い方を考えて、正しく書き分けましょう。

5 ①「阝」の部分は三画《かく》、「比」の部分は四画で書きます。

②「己」の部分は三画で書きます。「乙」と書いて一画と数えないようにしましょう。

6 ④「皮」の部分は、「皮」から先に書きます。

7 ①「細」には、「こま(か)」「ほそ(い)」の他に、「こま(かい)」「ほそ(る)」という訓読みもあります。送りがながかわると読み方も意味もかわるので気をつけましょう。

②「重」には、「ジュウ」「チョウ」という音《おん》読みや、「え」「かさ(なる)」という訓読みもあります。

9 ①「广」は「まだれ」、②「⺮」は「たけかんむり」といいます。

10 とくべつな読み方をする言葉は、漢字一字ずつではなく、言葉全体で読みます。

11 ①「洋」は西《せい》洋、「和」は日本という意味を表します。

12 ①「二丁目」を「二町目」と書かないようにしましょう。住所に関《かん》係のある漢字には他に、「町(チョウ・まち)」、「村(むら)」、「号(ゴウ)」などがあります。

3 2 1 0 9 8 7 6 5 4
＊ ＊ D C B A